光文社知恵の森文庫

春日太一

時代劇ベスト100+50

『時　　　ト100』改題

光文社

本書は『時代劇ベスト１００』（２０１４年　光文社新書）
を改題、加筆・修正し、文庫化したものです。

新書版はじめに

春日さんのオススメ時代劇を教えてください――。

これまでの拙著を通じて新たに時代劇に関心を持たれた方は少なくないようで、よくそういう質問をされる。そして、たいてい、悩んでしまう。人には趣味趣向というのがある。それに合わない作品を紹介して興醒めされてしまっては、せっかく抱いてもらった時代劇への興味の芽を摘んでしまうことになるからだ。

また以前であれば、とりあえず地上波のテレビ放送を観ていれば、日常の中で何かしらの時代劇に触れることができ、気軽に親しむことができた。が、今はそうではない。地上波から時代劇はほとんど消えた一方で、レンタルショップ・名画座・BS・CSで観られる時代劇というのは膨大にあり、どこから入ればいいのか、ビギナーには分かりにくいと思う。

そこで企画したのが、本書だ。

「時代劇を、これからちゃんと観てみたい」「もういちど改めて観直してみよう」と思われた方の入り口を作りたい。そのように考えて、「気楽に触れることのできる、カタログ的に時代劇作品を紹介する本」を目指して書いたのが本書である。「これだけは押さえておきたい40本」「隠れた名作40本」「個人的な趣味で選んだ20本」と、「春日オススメ時代劇」を三章に分け、それぞれ作品の見どころをコンパクトに解説している。読者それぞれのニーズと関心に合わせて各作品のページにアクセスしていただき、その中から興味を抱かれた作品をピックアップする――そんな接し方をしていただければ、と思う。

なので、「ベスト100」とタイトル付けはしているが、本書は「筆者なりの時代劇ランキング」を格付けしたものではない。あくまで、「これから時代劇を観てみたい」「詳しくなりたい」という方々への入り口として様々な趣味趣向に対応できるよう、できるだけバラエティに富んだラインナップを意識して百本を選び、章ごとに公開・放送年順に紹介している。そのため、選から漏れたからといって、本書に紹介している作品より「下」と捉えているわけではない。また、作品が膨大にあるため選出が困難になることを考慮し、戦前に製作された作品も選から除外している。

時代劇って、こんなに面白い！

初めて、あるいは改めて、時代劇に触れる方にそう思っていただける一助になれば、何よりの幸いだ。

二〇一四年九月

春日太一

※なお、本書の一部は「光文社新書メールマガジン」「オール讀物」「週刊文春」に掲載した原稿から抜粋して再編集したものも含まれている。

『時代劇ベスト100+50』目次

第三章　個人的な趣味で選んだ35本――247

装丁・本文デザイン／アフターグロウ

第一章

これだけは押さえておきたい50本

■『西鶴一代女』（映画　1952年）

製作：新東宝／監督：溝口健二／脚本：依田義賢／原作：井原西鶴／出演：田中絹代、山根寿子、三船敏郎、菅井一郎　ほか

《解説》時代劇では、女性たちの社会における生きづらさに目を向ける、現代的な視点の作品もかなり前から作られてきた。本作もまた、現代にもそのまま通じる、女性の苦難が描かれたドラマだ。監督＝溝口健二、脚本＝依田義賢（よだよしかた）のコンビは、男たちの理不尽な手前勝手に翻弄され苦しみ抜く女性の姿を描き出す。

舞台となるのは、江戸時代の京都。公家の娘であるお春（田中）は、一方的に想いを寄せてきた若党・勝之介（三船）の情熱にほだされ駆け落ちする。が、二人は捕まり、勝之介は斬首（ざんしゅ）、お春は家族ともども追放となる。

これだけでも十分な悲劇なのだが、これはほんの地獄の入り口に過ぎなかった。

美貌を買われて大名の側室になり後継ぎを産むも、正室の嫉妬で放逐（ほうちく）。貧しい暮らしから抜け出すために父親に遊郭に売られた際は身請（みう）けしたいという商人が現れるも、その男は贋金（にせがね）作りで捕縛。

そしてその後は、遊女であったという過去がどこにいってもついて回り、幸せになりかけたところでいつも大きな理不尽が襲いかかってくる。尼僧になろうとしても、一人で巡礼の旅に出ても、男たちはお春が真っ当に生きる上で壁となる。最後に見えかけた救いの光も、さらなる悲しみの入り口でしかなかった。

彼女には何の落ち度もない。たまたま人よりも美貌に優れたために、望まざるとも男たちの欲望と女たちの嫉妬の対象となり続け、自分なりの意志をほんの少しばかり抱いていたために、疎まれ続ける。

そんな救いのない物語を切り取る溝口演出も凄まじい。決して、ことさらにその悲劇性をドラマチックに盛り上げるようなことはしていない。淡々とした冷たいタッチでお春の転落のドラマは切り取られていく。そのことが、お春を苛む運命の残酷さを、逃れようのないものとしてリアルに際立たせていった。

現代の女性でも、いや、現代の女性だからこそ、お春に次々と降りかかる理不尽に対して身につまされ、感情移入できるのではなかろうか。

時代劇は現代の寓話でもある。そのことを強く教えてくれる作品といえる。

■『次郎長三国志（全九部）』（映画　1952〜54年）

製作：東宝／監督：マキノ雅弘／脚本：松浦健郎　ほか／原作：村上元三／出演：小堀明男、若山セツ子、河津清三郎、田崎潤、森繁久彌　ほか

《解説》マキノ雅弘監督が村上元三の原作を元に、侠客・清水の次郎長（小堀）とその一家の活躍を全九部にわたって描いた作品だ。涙あり、笑いあり、ハラハラドキドキあり、と、エンターテインメントのありとあらゆる要素が、広沢虎造の浪曲に乗ってリズミカルな演出の中に盛り込まれている。

中でも第二部「次郎長初旅」から登場する森の石松に扮した森繁久彌が素晴らしい。本作で森繁は注目を浴びて一気にスターへの階段を昇っていくことになるのだが、それも納得いくだけの芸達者ぶりを見せつけてくれている。

特に、石松が実質的な主人公となっている第三部「次郎長と石松」では、森繁の千変万化の芝居を堪能できる。中でも、温泉宿で女侠客に惚れてしまった件は最高だ。女が部屋に訪ねてきた時は肩をすくめて小さくなったり、風呂でもポーッとなって頭まで沈めてみたり、居酒屋で酔っ払った女の雪駄が脱げてしまい「履かせて」と迫ら

れた時にはガチガチに震えながら履かせようとするものだから上手くいかなかったり、「女は眼で落とせ」という助言を真に受けて無理に流し目を作ってみたら緊張のあまり不自然な顔になったり……と、その一挙手一投足を見ているだけで楽しくてたまらない。

それだけに、石松が非業（ひごう）の最期を遂げる第八部「海道一の暴れん坊」は切なく迫ってくる作品だった。次郎長の代わりに讃岐の金比羅（こんぴら）に参ることになった石松は、仲間たちから「女とのノロケ話」を土産に持って帰るよう言われる。石松は見た目と吃音（きつおん）のせいで女性へのコンプレックスが強かったのだ。そんな石松も、道中で一人の宿場女郎（じょろう）に見惚れる。「俺に惚れてくれとは言わねえ。たとえ一日でも二日でも構わねえ、オメエさんの側に置いてくれて、惚れさせてくれたらいい」。石松の純な気持ちに触れ、女郎もまた石松を慕うようになる。そして、石松は女郎を身請けすることになった。

が、そのために喧嘩の切っ先が鈍る。因縁ある相手に囲まれてもいつもの威勢の良さはなく、「おい、よせよ、人違いだろ！」と弱々しくつぶやき、敵の兇刃（きょうじん）に倒れるのだ。森繁の寂しげな表情が、胸に突き刺さってくる。

■『雨月物語』（映画　1953年）

製作：大映／監督：溝口健二／脚本：川口松太郎、依田義賢／原作：上田秋成／出演：京マチ子、水戸光子、田中絹代、森雅之　ほか

《解説》時代は戦国時代末期。織田信長の死後の覇権をめぐり、羽柴秀吉と柴田勝家が対立する真っただ中にある、近江は琵琶湖北岸にある村が舞台になる。

貧しい農民の源十郎（森）とその弟・藤兵衛（小沢栄太郎）は秀吉の城下町として賑わう長浜へ向かう。源十郎は金を稼ぐため、藤兵衛は武士として出世するため。だが、それが全ての悲劇の始まりだった。

本作は上田秋成（あきなり）による二編の怪談がベースになっているが、そこにモーパッサンの『勲章』のエピソードを加えたことで、そのまま現代に通じるような寓話となっている。

源十郎は自らの作った壺が売れたことで、帰宅してからも壺作りに邁進（まいしん）していく。貧しくても心穏やかに暮らしたいと願う妻・宮木（田中）の願いも空しく、壺の大量生産のためにひたすら働き、時には妻に当たり散らすようになっていく。一方の藤兵

衛は具足がないために部隊に入れてもらえなかったことで、なんとかして具足を買う金を求めるようになり、源十郎を手伝う。

そして壺を作り終え、二人は再び長浜へ。ここで源十郎は一人の美女・若狭（京と出会う。彼女は信長に滅ぼされた一族の生き残りの姫だった。若狭の頼みで屋敷に壺を届けた源十郎は若狭に誘われるまま屋敷に居ついてしまう。無事に具足を買った藤兵衛は羽柴方として戦に加わり、偶然にも敵の侍大将の首を拾ったことで出世する。だが、彼らが家族を忘れて我欲をむさぼっている頃、残された家族には悲劇が起きていた。

金を稼ぐ。出世をする。そのために目の前にあったはずの幸福を忘れてしまい、取り返しのつかない悲劇へと突き進んでいく。その様は現代に生きる我々の姿に通じるものとして映し出されていた。

主要キャストに並ぶ名優たちがいずれも見事だが、特に京マチ子が物凄い。この世ならざる魔性の化身を、本当にこの世ならざる妖しさで演じる。そのため、とてつもなく美しいのだが、その美しさは恐怖にしか映らない。それは、源十郎が正気を踏み外した様を象徴しているようでもあった。

■『地獄門』（映画　1953年）

製作：大映／監督：衣笠貞之助／脚本：衣笠貞之助／原作：菊池寛／出演：長谷川一夫、京マチ子、山形勲、黒川弥太郎　ほか

《解説》平安時代末期の京都を舞台に、長谷川一夫と京マチ子という最上級の美男美女が繰り広げるラブストーリー。――と書くと、さぞや煌（きら）びやかな宮廷での恋模様がロマンチックに描かれるにちがいない、と思われる方もいるかもしれない。

が、全くそうではない。一方的な恋心を押し付けてくる男と、それに困り果てる女の話なのだ。今でいう、傍迷惑なストーカーのような――。

物語は平治（へいじ）の乱から始まる。敵の急襲を受けた御所から、武者の盛遠（長谷川）は一台の牛車（ぎっしゃ）を守って脱出する。それには、上皇の妹の身代わりを務める袈裟（けさ）（京）が乗っていた。無事な所まで届けた盛遠は初めて袈裟の顔を見て、その美しさに一目ぼれする。

乱の後、活躍を認められた盛遠は恩賞として袈裟を我が妻として所望（しょもう）する。が、袈裟には既に夫がいた――。

ここで普通のラブストーリーなら二人が想い合うようになって、夫が邪魔者——となるところだが、本作はそうならない。袈裟は夫を愛しており、盛遠が一方的に好意をぶつけてくるだけなのだ。そして、受け入れられない想いはエスカレート、刃傷（にんじょう）沙汰（ざた）に及んでいく。

この作品、一つ間違うと「長谷川一夫ほどの美男子にそれだけの想いで来られるなら、嬉しいことなのではないか」と観客が思ってしまう恐れもある。そう思われてしまっては、作品としては完全に破綻だ。

ここで見事だったのは、長谷川一夫だ。従来の色気たっぷりな二枚目ぶりを全く見せることなく、終始、キリキリ、ピリピリとしたヒステリックさを醸（かも）し出す演技をしている。そのため、恋に狂った男の危うさだけが放たれて「こんな男に好かれてしまったら大変だ」という気分にしかなってこない。

いつの時代になっても変わらない、恋という魔性。映画史上でも有数の二枚目が演じることで、その恐ろしさは一段と増すことになった。

■『七人の侍』（映画　1954年）

製作：東宝／監督：黒澤明／脚本：黒澤明、橋本忍、小國英雄／出演：三船敏郎、志村喬、津島恵子、藤原釜足、加東大介、木村功、千秋実、宮口精二　ほか

《解説》映画史上で不朽の名作として語られる時代劇である。近年ではそのタイトルが大きくなりすぎたため、いろいろと高尚に語られることが多くなってはいるが、何より忘れてはならないのは、エンターテインメントやアクションの映像表現に革命をもたらした作品であるということだ。

物語はいたってシンプルで、残虐な野武士たちに村を襲われそうになった百姓たちが、毎日の食糧の保証を条件に六人の凄腕の浪人（と、もう一人、腕は立たないがめっぽう明るく、侍に強い憧れを抱く野人のような男・菊千代＝三船）を雇い入れ、野武士と死闘を繰り広げるというものだ。

百姓たちが浪人たちを集める序盤、浪人たちが百姓たちを鍛えながら最初の戦闘を迎える中盤、そして最終決戦が描かれる終盤という章立てになっている。序盤では七人のキャラクター紹介が、中盤では村人と浪人たちの交流がそれぞれユーモラスにな

されるなど、それぞれに見せ場が用意されているため、三時間以上の長丁場でも全く飽きが来ることなく、一気にラストまで行ってしまう。

そして、ラストの野武士との死闘は、壮絶の一言に尽きる。猛烈な雨が叩きつける中、野武士の一団が村になだれ込んでくる。迎え撃つ七人のリーダー・勘兵衛（志村）は野武士たちを村の中にあえて入らせ、これを取り囲んで一気に殲滅（せんめつ）するという策に出る。視界がさえぎられるほどのおびただしい雨、足元さえおぼつかなくなるほどにぬかるんだ地面、泥だらけになりながらの凄惨（せいさん）な斬り合いが展開されていく。

雨という背景の劇的な効果、綺麗で美しいシルエットではなくボロボロに汚れた姿が実は格好が良い上に迫力が出るという発見、そして型にとらわれない実戦さながらの殺陣（たて）の迫力……今ではエンターテインメント表現の常識とも言えるこれらの演出は、全て本作から始まったものだった。

そしてその映像は、ただ古典というだけでなく、今もなお全てのエンターテインメント表現の頂点に君臨し続けている。

■『血槍富士』（映画　1955年）

製作：東映／監督：内田吐夢／脚本：三村伸太郎／出演：片岡千恵蔵、月形龍之介、喜多川千鶴、進藤英太郎、加東大介　ほか

《解説》戦前からの巨匠・内田吐夢（とむ）が大陸での抑留生活を経て映画界に復帰した最初の作品は、「忠義」について問いかける物語になっている。描かれるのは、長槍（ながやり）を掲げながら若殿（片岡栄二郎）と道中を伴にする足軽（片岡千恵蔵（ちえぞう））のドラマだ。

演出のタッチは、前半と後半で大きく異なる。前半は、道中で知り合った母子との触れ合いが軸に描かれており、ほのぼのと牧歌的な雰囲気で時折コミカルな描写も挿入されている。

中でも、少年が、道中で腹を痛め足軽が背負うことになり、先を急いでいるにもかかわらず、三人の殿様が「風流」と称して道をふさぐ場面は楽しい。殿様たちは家臣たちに道をふさがせ、お茶を飲んだり菓子を食べたりしながら富士山の眺めを愛（め）でていた。我慢できなくなった少年は道端で野糞をしてしまう。すると、殿様たちの所にまで臭いが漂ってきて、「風流」の席が台無しになってしまうのだ。

後半になると画面の雰囲気は一変する。それまでは晴天が続いていたのが、今度は雨が降りやまなくなる。そのため川止めになり、一行は宿場町で待ち続けることに。薄暗い空、ぬかるんだ地面、けたたましく聞こえる雨音、時折響く寺の鐘……。ジメジメと息苦しい世界が映し出され、どこか不穏さが漂っていく。実際、前半には見られなかった哀しいエピソードが続いた。そしてそれは、最終的に足軽に降りかかる。

若殿は利発で実直な男だったが、一つだけ弱点があった。それは、酒に酔うと途端に喧嘩っ早くなってしまうこと。ある夜、居酒屋で飲んでいたところを侍の一行に挑発された若殿は刀を抜いてしまう。そしてメッタ刺しの返り討ちに遭ってしまうのだ。

ここからの千恵蔵の芝居が凄まじい。槍を持って駆けつけてくるや、足元がフラつこうがヨタつこうが関係なく、主君の仇を討つため鬼神の如き表情で槍を振るいまくるのだ。酒樽に穴が空いたため、地面は噴き出た酒でぬかるんでいる。その中を、千恵蔵も相手側も泥まみれになりながら、ひたすら斬り合う。

その凄惨さを見ていると、主君を殺されてしまった足軽の愚直なまでの怒りの感情が伝わってくる。

■『赤穂浪士 天の巻・地の巻』（映画 1956年）

製作：東映／監督：松田定次／脚本：新藤兼人／原作：大佛次郎／出演：片岡千恵蔵、市川右太衛門、東千代之介、月形龍之介、中村錦之助（後の萬屋錦之介） ほか

《解説》東映時代劇の魅力は、スターたちの煌びやかさ、華やかさにある。片岡千恵蔵、市川右太衛門（うたえもん）の「両御大」を筆頭に、大友柳太朗、中村錦之助、大川橋蔵、東千代之介らによる盤石のスターシステムの織り成す時代劇は五〇年代の日本映画を席巻、全邦画収入の三分の一を稼ぎ出す人気を博した。

その覇権の象徴となったのが、お盆と正月に公開される「オールスター映画」だった。スターたちが顔見世興行的に一堂に会する豪華で賑やかな作品たちは観客を魅了し、年間配収の上位に毎年続けてランキングされている。

中でも当時のオールスター映画の魅力が凝縮されているのが本作だ。

描かれるのは「忠臣蔵」の世界。主人公の大石内蔵助を演じる右太衛門はもちろん、大友、千代之介、錦之助といったスターたちの見せ場を過不足なく押さえつつ物語は進む。

ただ、他社の「忠臣蔵」映画と異なるのは、クライマックスが「討ち入り」ではない点にある。オールスター映画の最大の売りは両御大の共演。これを際立たせるため、特別な場面が用意されている。

討ち入りのため江戸へ向かう大石は、吉良方の目をくらますべく近衛家用人・立花左近の名を騙る。が、伊豆の三島の本陣で本物の立花左近と鉢合わせしてしまう。これを演じるのが、千恵蔵だった。

両者は互いに「自分が左近」と譲らない。少しして棚の文箱に大石家の家紋を見つけた左近は、目の前にいる男の正体と真意を読み取る。そして「自分は偽者」と譲り、自らの身分を示す一式を大石に渡すと、本陣を去っていく。

この義侠的な場面、大佛次郎の原作にはない。「二大スターが善悪に分かれることなく自然に一つのシーンに共演する」ために用意されたものだ。

両者が初めて向かい合うまでのワクワク感、たっぷりと間を使った芝居による沈黙のもたらす重々しい緊張感、心を通わせ合った時に訪れる安心感。二大スターが一つの空間にいる。そのたった一つの事実が、十分足らずの短い場面の間にこれだけの感情を去来させ、観客を満ち足りた気持ちにしてしまうのである。

■『幕末太陽傳』（映画　1957年）

製作：日活／監督：川島雄三／脚本：田中啓一、川島雄三、今村昌平／出演：フランキー堺、左幸子、南田洋子、石原裕次郎、小林旭　ほか

《解説》『居残り佐平次』『品川心中』といった古典落語を原案に、幕末の品川遊郭での人間模様を描いた群像劇だ。

日活の「製作再開三周年記念映画」と銘打たれているだけあり、当時の日活のスターが総出演したオールスター映画となっている。通常のオールスター映画の場合、スターごとの見せ場を串刺し的に構成することが多いが、本作はそうではない。一つの場所に集めて一気に動かしているのだ。しかも、川島雄三監督は冒頭の十分で、あらかたの役柄とキャラクターを巧みに説明してのけている。

曰くありげな遊び方をする佐平次（フランキー）、外国人襲撃を企てる長州の志士（石原、小林、二谷英明）、対立する二人の遊女・おそめ（左）とこはる（南田）、健気に働く下女のおひさ（芦川いづみ）……。これらの人間模様がスピーディーな場面展開の中でリズミカルに生き生きと描写されていくものだから、観ている側としては

それぞれのキャラクターが無理なく自然と入ってくるし、また、作品世界に楽しみながら没入することのできる仕掛けになっている。

圧巻だったのは、フランキー堺だ。佐平次は遊郭で遊び倒しながらも金の持ち合わせは全くなく、自ら進んで遊郭で働くようになる。そして、機転を利かせながら、巻き起こるトラブルを次々と解決していくのだ。彼の止まらない口八丁手八丁の軽妙な芝居を見ていると、落語の世界がそのまま映像化されたような楽しさを感じることができる。

だが、それだけではない。佐平次は薄暗い物置部屋で暮らしているのだが、そこで一人になると、どこか暗い、陰のある表情になるのだ。実は佐平次は肺を病んでおり、決して長い命ではなかった。そんな佐平次の陽と陰の表情を、フランキーは巧みに演じ分けている。

明るく振る舞っているからこそ、どこか寂しい――、フランキーの芝居が漂わせる雰囲気は、遊郭という場所の漂わす刹那的(せつなてき)な儚(はかな)さを象徴しているようでもある。そのため、劇中の人々が賑やかに喧騒を演じれば演じるほど、その底流にある物悲しさが浮かび上がってきて、祭りの後のような余韻をもたらすことになった。

■『隠し砦の三悪人』（映画　1958年）

製作：東宝／監督：黒澤明／脚本：黒澤明、菊島隆三、小國英雄、橋本忍／出演：三船敏郎、上原美佐、千秋実、藤原釜足、志村喬　ほか

《解説》戦国時代、山名家によって落城させられた秋月家の侍大将・真壁六郎太（三船）はお家再興のために、主家のただ一人の生き残りの雪姫（上原）と多額の軍資金を同盟国の早川領に運ばなければならない。だが、国境には関所が設けられていた。六郎太は、巻き込まれた二人の百姓兵（千秋、藤原）と共に山名領内を突破することにする。

スタイリッシュでスピード感あふれる映像、敵中突破のアクションとサスペンス、武骨でいながらも颯爽（さっそう）とした三船のヒロイックなカッコよさ、百姓たちの交（か）わすユーモラスな会話……。後にジョージ・ルーカスが『スター・ウォーズ』の参考にしたというだけあって、日本映画離れしたスケール感とエンターテインメント性を味わえる作品である。

その上で大きな役割を果たしているのが、馬の存在だ。たとえば中盤、二人の敵方

の騎馬兵に自分たちの正体が露見してしまい、関所へ急報しに向かう敵兵を六郎太が馬を駆って追跡する場面がある。ここでの、馬同士がぶつかり合う激しいチェイスや、三船が手綱を持たずに大上段に刀を構えて始める馬上対馬上の壮絶なチャンバラは、いずれも圧巻のド迫力だった。

そして、もう一つ忘れ難い場面がある。それは物語終盤に訪れる。六郎太たちは山名勢の大軍による山狩りの前に万策尽きてしまい、ついに囚われの身となってしまう。馬上で縛りつけられ護送される一行。と、これまで六郎太の前に立ちはだかってきた敵方の侍大将・田所兵衛（藤田進）が「裏切り御免」と一喝、一行を救い出す。兵衛は六郎太を取り逃がした際に主君から激しく面罵されて恥辱を受けており、一方で自分を高く評価してくれる姫や六郎太に心移りしていたのだ。

六郎太たちは馬を駆って敵勢から逃げていく。その様を、黒澤は望遠レンズで映し出している。そのため、画面に広がる壮大なスペクタクル感と、その中を何頭もの馬たちが颯爽と駆け抜けていく様の躍動感は圧倒的なものになっていた。

戦うことよりも逃げることに主眼を置いているにもかかわらず、本作が痛快で爽快な印象を残すのは、こうした馬の描写の心地よさによるものが大きい。

■『東海道四谷怪談』（映画　1959年）

製作：新東宝／監督：中川信夫／脚本：大貫正義、石川義寛／原作：鶴屋南北／出演：天知茂、若杉嘉津子、江見俊太郎、北沢典子、池内淳子　ほか

《解説》古典的な怪談の世界を、中川信夫監督がおどろおどろしいまでの様式美の中で切り取った作品だ。

物語はご存じの古典のままである。浪人の身であるためにお岩（若杉）との結婚を反対された伊右衛門（天知）は、義父を殺害した上、別の人間に犯行を押しつけて岩と結婚、「仇（うと）」を追って岩と江戸へ向かい浪人生活を送る。貧しい暮らしの中で体を病んだ岩を疎ましく思うようになった伊右衛門は、大店の娘・お梅（池内）と出会い、婚礼の話が進んでいく。岩が邪魔になった伊右衛門は彼女を毒殺し、戸板に乗せて沼に沈める。が、恨みに思った岩が、化けて出てくる——。

本作がまず素晴らしいのは、その背景だ。江戸へ向かう伊右衛門一行の背後で大きくたなびく、すすき野原。伊右衛門と梅が初めて結ばれる部屋に差し込む、夕陽。伊右衛門が岩殺害を決意する沼には、鬱蒼（うっそう）と葦（よし）が生い茂り蛙の鳴き声がけたたましく響

きわたる。そして、毒により岩の顔が崩れる場面では、薄暗い部屋の中で蚊帳（かや）にだけ灯が当たることで、空間全体が妖しく揺らめく——。様式的に美しく作り込まれたいずれの状況からも、そこはかとない死の予感が漂っていて、怪談だからといってただのこけおどしではない、逃れられない呪いのようなものが画面全体を覆っているように映る。

そして、その呪いの空気を決定的なものにしているのが、主役の伊右衛門を演じる天知茂だ。一見するとエゴイスティックで冷徹な雰囲気を漂わせるのと同時に、プライドの高さに裏打ちされた潔癖症的な神経質さも漂わせる、「悪の臭い」が凄まじい伊右衛門像を見事に提示している。だが、それだけではない。

悪事に及ぶ時はいつも目をオドオドとさせ、なかなか決断することができない。彼を悪の道に引きずり込もうとする直助（江見）に挑発されて初めて動くことができる。そんな裏側の小心さも天知は巧みに演じていた。そして、その芝居が結果として、岩の霊に恐れおののき、誤って周囲の人間を次々と斬ってしまう狂気の伏線にもなっていて、岩の呪いによって追いつめられていく様を緊迫した迫力とともに伝えることに成功している。天知が放つ暗黒の空気が、本作の死臭を濃厚なものにしていたのだ。

■『薄桜記』（映画　1959年）

製作：大映／監督：森一生／脚本：伊藤大輔／原作：五味康祐／出演：市川雷蔵、勝新太郎、真城千都世、三田登喜子、須賀不二男　ほか

《解説》忠臣蔵の外伝的なエピソードが、市川雷蔵・勝新太郎という大映の二大スターのW主演のような形で展開されている。といっても、勝の見せ場は最初と最後の立ち回りくらいで、後は雷蔵の独壇場だ。

雷蔵演じる丹下典膳は、決闘の助太刀（すけだち）に向かう中山安兵衛（勝）と偶然出会い、その弱点に気づいたため助言をする。だが、安兵衛の戦う相手は典膳と同門であったため、典膳は破門された上に道場生たちからの恨みを買ってしまう。

時を経て、典膳は上杉家の家臣の娘（真城）と結婚し、仲睦（なかむつ）まじい暮らしを送るようになる。だが、それも長くは続かなかった。典膳が京都へ出向している間に道場生たちが屋敷に乱入し、妻を犯してしまったのだ。そのことを知った典膳は事件を隠し、妻の名誉を守るが、心の底では妻を受け入れることができず、離縁を申し渡してしまう。そして、怒った妻の兄（北原義郎）に片腕を斬り落とされる。

やがて、典膳は憎き道場生たちと再会する。典膳の腕前は片腕になっても衰えを知らない。むしろ、狂気にも近い怒りによりその鋭さは増していた。「貴様らのような汚らわしい者を斬る刃は持たん！」。そう一喝すると、立て続けに二人の首を叩き折ってしまう。だが、もう一人の隠し持っていた拳銃により、足を負傷してしまう。

最終決戦は異様な形で行われた。典膳の住まいに乱入する道場生の残党とその助っ人たち。一方の典膳は既に起き上がることすらできなかった。この場で刺し殺すこともできたが、道場生たちは典膳を戸板に乗せ、庭の真ん中で取り囲む。ここから雷蔵が凄まじい殺陣（たて）を見せる。寝そべった状態で刀を振りまわし、近づく相手を次々と斬っていくのだ。降りしきる雪の中、苦悶の表情を浮かべながら、立とうとしては倒れ、血まみれになり、それでもなお敵を斬っていく——そんな典膳の決死の姿を、雷蔵が今にも消え入りそうな表情で流麗に演じていた。

悩み苦しみ、その果てに悲愴（ひそう）的な死を遂げる。こうした悲劇的な様式美の世界の中で、雷蔵が切々と映し出される。

■『笛吹川』（映画　1960年）

製作：松竹／監督：木下惠介／脚本：木下惠介／原作：深沢七郎／出演：高峰秀子、田村高廣、市川染五郎（現・松本白鸚）、岩下志麻、中村萬之助（現・中村吉右衛門）ほか

《解説》信虎・信玄・勝頼の三代にわたる武田家によって蹂躙(じゅうりん)されてしまった、甲斐の笛吹川沿いに暮らす貧しい農家を描いた物語だ。

一家の人間たちはその時ごとの武田家の事情によって次々と理不尽な目に遭い、命を落としていく。特に、長篠の合戦で勝頼が敗れて織田の甲斐侵攻が始まってからの、一家に襲いくる運命は容赦がない。

家長の定平（田村）の長男・惣蔵（染五郎）は血気盛んで、自ら進んで武田軍に加わっていった。しかも、それだけではなく、武田家への忠誠の高さのあまり、次男・安蔵（中村）や長女・うめ（岩下）までも、武田家へ奉公させてしまう。そして、織田軍が攻め入ってきた。

安蔵とうめの身を案じた定平は、残った三男・平吉（田中晋二）に二人の救出へ向かわせる。だが、平吉も帰ってこなかった。心配した老母・けい（高峰）は近くを武

田軍が通ると聞いて、これを追った。足を引きずりながらヨタヨタと、それでいてしっかりと前を向きながら歩を進める姿に母の強い情愛が伝わってくる。

だが、武田軍に追いついた母が見たのは、鎧姿に身を包んだ平吉の姿だった。惣蔵はもちろん、安蔵もうめも平吉も、武田家への忠誠を語り、「そんなことよりウチへ帰るだ」という母の言葉は通じない。「親よりお館さまのほうがいいのか。わしゃ、死んだほうがええ」。力なく嘆く母だったが、それでも軍に付いていき必死の説得を続けた。「わしゃどうなっても構わないから、オメエたちは用が済んだらウチへ帰るだぞ」。そんな母の思いやりは「忠義」の二文字の前にはあまりに無力だった。そして、行き場を失った武田軍は織田の攻撃を受け、けいもうめも惣蔵も無残に討ち死にし、安蔵と平吉は寺で焼き殺される。一人残された定平は川に流れてきた武田の旗を拾い上げると、忌々しげに投げ捨てた。

勇壮な合戦絵巻の裏側で散っていく名もなき命たち。木下恵介監督はそうした戦いの犠牲となった庶民の悲劇を救いのない陰鬱な空気の中で描くことで、時代劇という器の中に反戦映画としてのメッセージを込めていったのだった。

■『用心棒』（映画　1961年）

製作：東宝／監督：黒澤明／脚本：黒澤明、菊島隆三／出演：三船敏郎、仲代達矢、司葉子、山田五十鈴、加東大介　ほか

《解説》舞台となるのは小さな宿場町。そこは二組のヤクザの抗争により荒廃、殺戮が繰り返され、ゴーストタウンと化していた。そして砂塵（さじん）の中から現れる髭面の主人公（三船）。彼は正確な名前を持たない。目の前にある桑畑を見て「桑畑三十郎、もうすぐ四十郎だがな」と名乗る。豪放無頼、単なる正義漢ではない権謀術策（けんぼうじゅっさく）に長けた野性味あふれるアウトローなのだ。そんな男が、「二組のヤクザを壊滅させる」という目的遂行へ向けたサスペンスフルな先の読めない緻密なプロットの中で、大活躍を見せる。

黒澤がこだわったのは、アクションの迫力だった。時代劇の立ち回りは、本作で一変する。それが如実に表れているのが、後に「十二人斬り」と呼ばれることになる、ラストの三船の殺陣だ。

物凄い砂塵の中、三船演じる三十郎は卯之助（仲代）ら十二人のヤクザと対峙する。

そして、隠し持っていた包丁を投げて猪之吉の武器である拳銃を叩き落とすと、その場のヤクザたちを一気に斬り伏せてしまうのだ。

多くの時代劇の殺陣では、敵の方から襲いかかってくるため、主人公はほとんど動き回ることはない。そのために型としての様式美が守られるのである。が、本作の殺陣は違った。主人公自らが動き、走り回りながら斬り倒すのだ。そのため、主役には並々ならぬ体力と身体能力が必要になる。その点、三船は毎日バーベルを上げることで鍛え上げられた、日本人離れした筋骨隆々の肉体の持ち主。尋常でないスピードで走り回り、刀を振りまくり、率先して「アクション」を作り上げていった。

通常、殺陣では「斬る側」と「斬られる側」はなんらかの合図を交わした後で斬り合いを行う。そうでなければ事故になる危険性があるからだ。が、三船は「目が合わない奴から斬っていこう」と段取りから離れてアドリブで斬りかかる。しかも、通常の殺陣の撮影では刀は空を斬る。だが、そうした「斬ったふり」で済ますところを、三船は思いきり相手に刀を叩きつけないと気が済まない。竹光とはいえ、その痛みは並大抵（なみたいてい）のものではない。当たらないように逃げる役者も現れるが、それを見つけると三船は追いかけてでも斬りつけてきたという。

■『宮本武蔵（五部作）』（映画　1961〜65年）

製作：東映／監督：内田吐夢／脚本：鈴木尚之、成沢昌茂、内田吐夢／原作：吉川英治／出演：中村錦之助（後の萬屋錦之介）、入江若葉、木村功、高倉健、三國連太郎　ほか

《解説》内田吐夢監督、中村錦之助主演の『宮本武蔵』は、吉川英治の原作を一年に一作ずつ計五部作を五年かけて製作された超大作だ。

錦之助＝武蔵はもちろんだが、それと対峙する共演者たちがいずれも素晴らしい。まずは何と言っても沢庵和尚に扮する三國連太郎だ。なんとも清濁併せ持った生臭い雰囲気を醸し出しながら武蔵の前に立ちはだかり、彼を掌中（しょうちゅう）で転がしながら人間として目覚めさせていく。

一方、武蔵の相方の又八を演じた木村功も印象深い。又八は腰が抜けた役であるため、喜劇的な芝居を要求される。内田はあえてここに、生真面目な二枚目のイメージが強い木村を配している。木村の持つ雰囲気は、ともすれば身勝手でダラしないだけの男としか映らない又八を「弱さ故に時代に翻弄され、悩み苦しむ男」として映し出すことに成功。己の力で運命を切り開こうとする武蔵とは正反対の、優柔不断で意志

の弱い青年像を生々しく提示してみせている。

武蔵の宿敵・吉岡清十郎を演じた江原真二郎も絶品の芝居を見せる。当初は名門のブランドに胡坐（あぐら）をかいて酒と女におぼれていたのが、武蔵から果たし状が来ると一変。狼狽した顔で過ごすようになる。その間、武蔵は全く登場しないだけに、清十郎に迫りくる「見えない恐怖」がかえって生々しく伝わってきた。ある夜などは全く眠ることができず、道場の暗闇で一人、果たし状の文言を反芻（はんすう）。「今の儂（わし）には吉岡の二代目という重荷しか感じられぬ……」と身体を強張（こわば）らせながらつぶやくシーンには、エリートの温室育ちの貴公子だからこその悲哀がにじみ出ていた。それだけに、武蔵の奇襲攻撃に無残に敗北し、ボロボロになりながらも、戸板に乗せられたまま街中を抜けて帰ることを拒み、必死に自分の足で帰ろうとする様には、せめて名門の当主としてのプライドだけは守り通そうとする悲愴感が漂っていて心打たれる。

そして誰より素晴らしいのが錦之助だ。武蔵の成長に合わせ自身の芝居も変容していく。特に第四部『一乗寺の決斗』での、七十人を相手にした壮絶な立ち回りと、その折に子供を斬ってしまったことで苦悩する姿はいずれも鮮烈で、時代劇役者としての完成形とも言える芝居となっている。

■『反逆児』（映画　1961年）

製作：東映／監督・脚本：伊藤大輔／原作：大佛次郎／出演：中村錦之助（後の萬屋錦之介）、岩崎加根子、佐野周二　ほか

《解説》舞台は戦国時代も終盤になる頃。織田信長が長篠の戦いで武田軍に大勝するところから始まる。この戦で目覚ましい活躍を遂げたのが、徳川家康嫡男（ちゃくなん）・信康。信長の娘・徳姫を妻にしている。この男が本作の主人公だ。演じるのは中村錦之助なだけに、見事なまでに颯爽とした貴公子ぶりである。

そんな信康が非業の死を遂げるまでの物語が、伊藤大輔監督の手により荘厳で格調高く綴られていく。

家康の夫で信康の母・築山殿には今川家の血が流れており、今川を衰退に追いやった信長を心底から恨んでいる。そのため、信長の娘である徳姫にも徹底的につらく当たり、信康とも遠ざけようとする。

これを演じるのが杉村春子。徳姫に対峙（たいじ）する時の鬼姑としての憎々しさは圧倒的で、特に金の隈取（くまどり）を顔に塗って呪いの藁人形（わらにんぎょう）を打つ場面は悪夢的な迫力を放つ。

一方、父の家康を演じるのは佐野周二。特有のか細い声が、家を存続させるためにひたすら信長に付き従うしかない家康の情けなさを的確に表現していた。

そうした中で、信康は父にも母にもいら立ち続ける。「前後左右を壁に隔てられていて、そこから抜け出すことができない――」英雄的な才覚を持ちながら、何一つ自らの手で進めることができない若者の苦しい葛藤を錦之助が熱演する。

信康の才能は信長（月形龍之介）にも認められているのだが、そのために警戒されてしまっていた。そんな折に徳姫から日頃のうっ憤を綴った書状が届く。すると、信長はそれを口実に信康と築山に謀反（むほん）の罪を着せ、処罰を家康に要求する。軍勢まで出して周到に脅迫する信長に、家康は屈するしかなかった。

自らの運命を潔く受け入れながら、その一方で母への慕情を熱く募らせる信康。その心情が、ラストに見せる錦之助の大熱演を通じて切なく迫ってくる。あまりに凛々（りり）しい姿は、なんの落ち度もないのに罰せられる信康の悲劇性を際立たせ、その理不尽すぎる運命が見事に映し出されていた。

■『椿三十郎』（映画　1962年）

製作：東宝／監督：黒澤明／脚本：菊島隆三、小國英雄、黒澤明／出演：三船敏郎、仲代達矢、小林桂樹、加山雄三、団令子　ほか

《解説》『用心棒』の翌年に作られた作品で続編的な位置づけとなる本作は、殺伐としていた前作から一変して、ユーモラスな雰囲気の中で物語が展開する。

藩政改革を訴えて決起した若い藩士たちと、彼らの前に立ちはだかる家老側の対立を軸に物語は展開され、三十郎（三船）は行きがかりで若者たちに肩入れしていく。そして今回も三十郎は家老側に付いたフリをするなど頭脳戦を展開しながら敵を倒すことになるのだが、世間知らずの若者たちとそれに苛立つ三十郎との間で繰り広げられるやりとりがなんともコミカルなため、どこか楽しげで軽妙なタッチで物語は展開していく。

だが、最後の最後に黒澤明はまたしても凄まじいアクションを用意していた。

全ての事件が片付き、去ろうとする三十郎の前に、生き残った家老側の凄腕・半兵衛（仲代）が立ちはだかる。両者は意気投合していたが、結局は騙されてしまったこ

とに腹を立てていたのだ。そして、決闘が始まる。しばらくの沈黙を経て、刀を抜く両雄。互いに目にも止まらぬスピードで一瞬の居合いを見せると、その最初の一太刀で仲代は倒される。

「迫力のある殺陣」「上手い殺陣」というと、よく「手数の多さ」で評価する人も少なくないが、そんなことはない。静から動へ。その間さえ支配することができれば、ほんの一太刀でもゾクゾクッとするような迫力を提示できると、本作は証明している。

そして、この緊張感あふれる場面に、黒澤はもう一つの仕掛けをほどこしている。これまでの時代劇では刀で斬り合っても血が出ることはなかったのだが、ここでの決闘シーンで初めて血が出ることになる。それも、とてつもない形で。三船から斬られた瞬間、仲代の懐からおびただしい量の血が一直線に噴き出していくのだ。目を大きく見開いたまま、仲代は大きな血だまりの中へ倒れていく。

映画史上初と言っていい、スプラッタ描写だ。斬り合いの迫力、観客へのサービス。黒澤のエンターテイナーとしてのサービス精神をうかがい知ることのできる場面である。

■『座頭市物語』（映画　1962年）

製作：大映／監督：三隅研次／脚本：犬塚稔／原作：子母澤寛／出演：勝新太郎、万里昌代、天知茂ほか

《解説》盲目の按摩師だが、ドスを抜いたら誰にも負けない——勝新太郎の生涯の当たり役となったシリーズの第一作だ。

後の印象としては「無敵のヒーロー」というイメージの大きい座頭市だが、初期作品ではそうでもない。ヒロイックな活躍よりむしろ、市を中心とした日蔭者たちの物哀しい人間ドラマに主眼が置かれている。

この第一作では座頭市の殺陣は物語を半分過ぎるまで登場せず、しかもこの時はわずか二人しか斬っていない。そして、そこからもラストの決闘まで仕込み杖は決して抜かない。物語は、市と二人の人間との触れ合いを軸に展開する。

まずは小料理屋の女・おたね（万里）。復縁を言い寄ってくるヤクザから身を守ってくれたことで、おたねは市に惹かれる。印象深いのは中盤のシーンだ。満月の夜、並んで歩く二人。「おたねさん、綺麗な人なんだろうな。顔が見たくなった」とつぶ

やく市に対し、おたねは「私はこんな顔です。触ってみてください」と市の手を導いて自分の顔を触らせる。月明かりに照らされる二人の姿は幻想的で、市に訪れた温かい心の安らぎが伝わってくる。

そして、もう一人は浪人・平手造酒（みき）（天知）。平手は肺を病んで「いずれは病み果てて、この寺の土にでもなって終わることだろう」と人生を諦めており、市とは「天涯孤独の身の上」同士という境遇も重なって意気投合する。そして、小鳥のさえずる静かな池の畔（ほとり）で釣り糸を垂らしながら、友情を育んでいった。病のため全身を枯れさせながらも、目だけは剣豪らしく鋭く光る天知茂の芝居は鬼気迫り、平手の儚い生涯が切なく映し出される。

だが、二つの一家が対立する中、異なる一家に草鞋（わらじ）を脱いでいる二人は、いずれ闘う宿命にあった。乱闘の中、対峙する市と平手。市の居合いが平手を斬る。「つまらん奴の手にかかるより、貴公に斬られたかった」。そう言って息絶える平手。その亡骸を抱きしめ、市は涙する。その姿は、性別や立場を超えた哀しいラブシーンのようでもあった。

戦いとは勇壮なものではなく、虚しいもの——そんな想いの伝わってくる決闘だ。

■『切腹』（映画　1962年）

製作：松竹／監督：小林正樹／脚本：橋本忍／原作：滝口康彦／出演：仲代達矢、三國連太郎、岩下志麻、石浜朗、丹波哲郎　ほか

《解説》江戸初期、藩の相次ぐ取り潰しにより、町には貧しい浪人があふれていた。彼らの中には、大名屋敷に出向き「玄関先で切腹をさせてほしい」と頼む者がいた。ほとんどの大名家はそんなことをされては迷惑なので、お金を渡して退散させていた。もちろん浪人たちも端から腹を切る気などない。一種の強請り（ゆすり）である。が、井伊家の家老（三國）は違った。権威に驕る（おごる）サディストであるこの男は、やってきた浪人に対し、庭先での切腹を許可する。そして、命乞いをしながら切腹して果てていく浪人の様を楽しげに見物するのだ。

そんな井伊屋敷に浪人・津雲半四郎（仲代）が「切腹させてほしい」とやってくるところから、物語は始まる。庭先に引き出された半四郎は、家老に向かって過去の物語を話し始める。それは、自らの家族が貧しさ故に陥った悲劇だった。話を聞いていくうちに家老は気づく。悲劇を引き起こした張本人が自分自身であることを――。

半四郎を演じるのは当時二十九歳の仲代達矢。歴戦の勇士で孫もいる中年男に成りきるため、自分の中にある最も低い音階で台詞を朗じるなど、徹底して作り込んだ芝居で役に臨んだ。一方、家老を演じる三國連太郎は、決して声を張ったり、声色を使うことはない。「三國そのもの」にすら見えてくるような、どこまでが素でどこまでが作り込みか分からない芝居で、仲代を悠然と受け止めるのだ。

ほとんど口と表情を動かすことなく台詞を言う脱力した芝居で、感情のない冷血漢を不気味に演じていた三國。一方、仲代は絶えず明るい表情で三國に語りかける。その関係性が、時を経るに従い変化していく。徐々に真相が明らかになるにつれ、それを語る仲代は声をさらに低く沈め、その重低音に怒気をはらんでいく。対する三國は、一見すると何も変化はない。が、よく見ると視線の向け方や振り返り方といった、ちょっとした仕草により「怖じ気」が伝わる。追いつめる者と追いつめられる者との心理劇を、両名優はまるで己が技を互いに見せ合うかのように展開しているのだ。

まるで異なるアプローチの芝居をしているからこそ、激しい怒りを胸に抱く半四郎と冷酷な悪鬼の如き家老という対立構造が、余計な説明を交えることなく観客に伝わる。

■『忍びの者』（映画　1962年）

製作：大映／監督：山本薩夫／脚本：高岩肇／原作：村山知義／出演：市川雷蔵、藤村志保、若山富三郎、伊藤雄之助、西村晃　ほか

《解説》後に大泥棒として豊臣秀吉に対峙して釜ゆでの刑に処されることになる石川五右衛門の前日譚（ぜんじつたん）が描かれている。

本作で雷蔵の扮する五右衛門は伊賀忍者という設定で、その腕前は首領・百地三太夫（ももちさんだゆう）（伊藤）以上と言われ誰からも一目を置かれている。そして、笑顔の似合う爽やかだった五右衛門が、「信長暗殺」を巡る権謀術数の渦に巻き込まれ、凄惨な血みどろの殺し合いを繰り広げ、苦悩を深めていく。巡り合った女（藤村）との安らかな暮らしを求めるが、忍びの呪縛からは逃れることができない。ここでの五右衛門は、操り人形のように言われるがまま動くしかない無力な犠牲者なのである。巨大な力に反発しながらも抗いきれずに苦しむ五右衛門像は、雷蔵にピッタリの役柄だった。

それを象徴しているのが、三太夫に命じられて五右衛門が駆けていくシーンだ。走る五右衛門の耳に、どこからともなく三太夫の声が聞こえてくる。「そこを右じゃ」

「違う。そこは左じゃ」「その川を渡れ！」……そして、言われた通りに進むと、そこには地獄絵図が待っていた。

飄々(ひょうひょう)とした好々爺(こうこうや)のように見せておいて、実は自らの権力の維持のためには手段を選ばない腹黒い首領を演じる伊藤雄之助と、残虐なサディストの信長を演じる若山富三郎という、五右衛門が対する二人の強大な敵に扮した両名優の凄まじい怪演も要注目だ。中でも若山の信長は強烈だった。どこまでも残虐で憎々しいのだ。

「宗門の根絶やし」を掲げ、寺社を襲っては虐殺する信長に対して三太夫は配下の忍者たちを暗殺に走らせる。だが、誰もが皆、失敗して捕らえられてしまう。

そして、彼らには拷問が科せられる。それは口を割らせるためではない。信長自身が楽しむためだ。「埋めてしまえ。首から上は出してな。できるだけ、死ぬ苦しみを味わわせるのだ」と女忍者を生き埋めにし、捕らえた忍者の耳を自らの手で削ぐ。そんな信長を、若山は絶えずサディスティックな笑みを浮かべながら演じることで、残虐さをより強調していた。いつも黒猫を厭(いや)らしく抱きながら残酷な命令を下し、いかなる攻撃も通用しない。若山の巨大なシルエットは、「魔王」と恐れられた信長の姿そのものに映っており、それに立ち向かう五右衛門のサスペンスを盛り上げた。

■『関の彌太ッぺ』（映画　1963年）

製作：東映／監督：山下耕作／脚本：成沢昌茂／原作：長谷川伸／出演：中村錦之助（後の萬屋錦之介）、木村功、十朱幸代、大坂志郎、月形龍之介　ほか

《解説》アウトローを演じる時の錦之助は、ヒーロー役の時とはまた異なる輝きがある。それは、どこか寂しさを背中に負ったからこその優しさを醸し出しているからに他ならない。

本作は、そんな錦之助の魅力を心ゆくまで堪能することのできる作品である。

錦之助の演じる渡世人・彌太(やた)は、生き別れになった妹を身請けしに行く途中、その金を巡って殺されてしまった父親（大坂）から幼い娘を託される。彌太は娘の母方の実家に届けると、妹の許へ向かった。が、既に妹はこの世にはいなかった。しばらくして、彌太は荒み、顔には刀傷まで作ってかつての面影はなくなっていた。

そんな折、彌太は美しく成長した娘（十朱）が自分を探していると耳にする。だが、久々に町に戻ってみると、弟分の森蔵（木村）が「自分がその恩人だ」と騙って家に乗り込んでいた。しかも、しつこく娘に言い寄り、迷惑がられている。全ての真相を

森蔵に話す彌太だったが、本気で娘に惚れ込んでしまった森蔵は聞き入れない。やむをえず、彌太は森蔵を斬る。

この時、彌太は飯岡一家と果たし合いをすることになっていた。多勢に無勢。結果の分かった戦いだった。その前に、彌太は久しぶりに娘の前に顔を出す。変わり果てた彌太の姿に、娘は彼がかつての恩人だと気づかない。が、「この世には、辛えことも哀しいこともたくさんある。だけど、忘れるこった。忘れて陽が暮れれば明日になる」。彌太が言った瞬間、娘の顔が変わる。それはかつて、父を失った娘を励ますために彌太が言って聞かせてくれた言葉だったからだ。その瞬間、彌太は走り去る。この時、錦之助はあふれる感情を押し殺しながらも娘に対して目一杯の優しさをみせるという、一世一代の名演技を繰り広げている。

そして、ラストがまた素晴らしい。

夕陽を浴び、足元に真っ赤な彼岸花が咲き乱れ、遠くに時の鐘が響く中を敵地へ向かう――。そんな哀愁に満ちた彌太の後ろ姿を映して、物語は終幕する。最後の戦いは描かれない。それだけに、死の余韻だけが静かに漂うことになった。

■『十三人の刺客』（映画　1963年）

製作：東映／監督：工藤栄一／脚本：池上金男／出演：片岡千恵蔵、里見浩太郎（現・里見浩太朗）、嵐寛寿郎、内田良平、菅貫太郎　ほか

《解説》時は江戸後期。将軍の弟である明石藩主（菅）は異常なまでに暴虐な男だったが、それを知らない将軍が老中に抜擢しようとする。苦慮した老中・土井（丹波哲郎）は最も信頼のおける旗本・島田新左衛門（片岡）に藩主暗殺を命じる。新左衛門は十三人の猛者を独自にスカウト、参勤交代で帰国する途中の藩主を襲撃せんと狙う。

十三人のプロフェッショナルが一つの目的を果たす。そのためには、人と人の情けは「余計なもの」と全て捨てて、いかなる困難があってもひたすら最後まで目的を遂行する。それが本作の狙いだった。そのため、描き方は即物的なものになり、情緒的なものは極力排除されていった。その結果、悪役も従来の時代劇に見られた「主人公にやられっ放し」ではなくなる。

暴君の家臣には新左衛門のかつての友（内田）がいて、軍師としてその前に立ちはだかった。両者の知恵比べを縦軸にしながら、作戦が成功するかしないか、そのサス

ペンス一点に物語は絞り込まれていく。

刺客たちは宿場町を要塞化し、そこに暴君一行を追い込んで迎え撃とうと、新左衛門は道中にさまざまな策を講じ、宿場に一行が向かうしかないように仕向ける。そうはさせまいとする敵方の軍師。静かなタッチの中、両者の読み合いが中盤をサスペンスフルに盛り上げる。

そして宿場には、十三人vs二百人という数的不利をカバーするため、さまざまな仕掛けがほどこされた。仕掛けに次ぐ仕掛け。そんな時代劇史上でも前代未聞の要塞攻防戦の壮絶な死闘が展開された。

個々には大きな力を持たない人間たちが、集団のチームワークによって任務を遂行していく。彼らは、ただ命じられた目的のために壮絶な死闘に身を投じ、そして命を虚しく散らす。

その果てに、鮮烈なラストシーンが待ち受けている。死屍累々（ししるいるい）の戦場からカメラが引いていくと、そこに映し出されるのは激闘の末に発狂した男の姿だった。彼が常軌を逸した笑いを浮かべ続ける映像とともに物語を唐突に終わらせることで、いかに戦闘が尋常なものでなかったのかを観る側に伝えると同時に、その虚しさも伝わる。

■『眠狂四郎　女妖剣』（映画　１９６４年）

製作：大映／監督：池広一夫／脚本：星川清司／原作：柴田錬三郎／出演：市川雷蔵、城健三朗（後の若山富三郎）、藤村志保、久保菜穂子、春川ますみ　ほか

《解説》本作は雷蔵の代名詞となる『狂四郎』シリーズ四作目だが、実は前三作はほとんどヒットしていなかった。本作を担当することになった池広一夫監督は撮影所長から、本作が外れたらシリーズは終わると宣告を受けていた。

そこで、池広はエロティシズムと円月殺法の剣の冴えを強調する。エロティシズムで参考にしたのが、当時人気だった映画『００７』シリーズだ。主人公の英国スパイ、ジェームズ・ボンドは「ボンドガール」と呼ばれるセクシーな美女たちと毎回恋に落ちる。これに倣い、狂四郎も行く先々で妖艶な美女たちに絡まれ、彼女たちと濡れ場を演じさせることにした。池広はこれを「狂四郎ガール」と名づけた。そして久保菜穂子、春川ますみ、根岸明美という肉体派女優たちが雷蔵と妖艶な濡れ場を演じた。また、これまで「刀が光って眩しい」という程度の描写でしかなかった円月殺法も、特撮を駆使してその刀の動く残像をストロボ的に描写。その剣法の異様な妖しさを映

像化してみせた。

脚本の星川とは、これらの見せ場を変に理屈をつけて一つの話にまとめずに、辻褄が合わなくともその場面その場面をとにかく面白くしていこうと話を進める。同時に、狂四郎はその暗い出自のために人間不信、女性不信、神への反発を抱くという「暗い影を負った男」というキャラクターとして徹底をさせた。

中でも衝撃的なのが、冒頭のシークエンスだ。肉体派だけでなく、清純な女優が脱がないと意味がない、と。作品の冒頭、囚われの身となった敬虔なキリシタン宣教師が、女体への誘惑に負けて改宗をしてしまう場面がある。敬虔なバテレンを転ばせるのは処女でなければならない、と池広は考えた。池広の頭に浮かんだのは、大映を代表する清純派女優・藤村志保だった。

藤村が演じるのは、敬虔なキリシタンの少女で、誰よりも宣教師を尊敬している。が、兄を人質にとられ、宣教師を誘惑することを強要されてしまうのだ。そして宣教師は誘惑に負け、彼女を犯す。そして、同じ牢にいた狂四郎は敬虔な信者たちの末路を見て、神を嘲笑う。藤村の清冽な演技の醸し出す悲劇性により、信仰の無力さ、神への不信、女性への不信といった狂四郎の暗い心象が表現された。

■『赤ひげ』（映画　１９６５年）

製作：東宝／監督：黒澤明／脚本：井手雅人、小國英雄、菊島隆三、黒澤明／原作：山本周五郎／出演：三船敏郎、加山雄三、内藤洋子　ほか

《解説》黒澤明監督が山本周五郎の原作を映画化した作品。貧しい者たちの診療のために作られた小石川養生所を舞台に、新たに赴任してきた長崎帰りの若きエリート医師・保本（加山）を所長の通称「赤ひげ」が導いていく、ヒューマニズムあふれる作品だ。

三船は、若手時代の黒澤作品では年長者（主に志村喬が演じてきた）に面倒をかける荒くれ者のポジションを演じてきた。それが、結果として最後となった黒澤作品である本作では、黒澤の理想を託され、若者を成長させることになる師父の役柄を演じることになる。それだけ、キャリアを重ねていく中で三船自身が成長したということでもある。

といっても、最初の三十分はほとんど「赤ひげ」の出番はない。赴任してきた保本の目を通じて養生所にいる患者たちの悲惨な姿が描かれ、同僚の口から「独裁者」と

呼ばれる「赤ひげ」の人となりを聞かされることになる。そして、それを経て厳然とした中に優しさをただよわせて登場する「赤ひげ」＝三船。

描かれる物語は徹底して容赦がない。保本が初めて担当する患者となった少女は、理不尽な目に遭い続けたため、人の善意を信じることができず、保本の診療にも向き合うことを拒む。それでも、保本の懸命な熱意により笑顔を取り戻していく。――と、それだけで終わらないのが、本作の凄まじいところ。養生所に盗みに入った少年との出会いが、彼女を再び悲嘆へと追い込んでいくことになる。

さまざまな患者たちの、ともすれば救いがないようなエピソードが次々と綴られる展開になっている。無残な死に対して無力な医療。それでも懸命に命を救おうとする医師たち。

その闘いを、黒澤は彼らしい大きなスケールの世界で描く。

地震で倒壊した江戸の生々しいセット。悪漢たちと「赤ひげ」が乱闘する江戸の、西部劇の荒野のような砂塵ふきすさぶ乾いた空気。その迫力ある映像と、それに対峙する三船の迫力が、人間の死に立ち向かう医師の厳しい状況と、それに打ち勝たんとする強固な魂として映し出されていた。

◆『新選組血風録』（テレビシリーズ　1965～66年）

放送局：NET（現・テレビ朝日）／プロダクション：東映京都テレビ・プロダクション／監督：河野寿一、佐々木康、高見育男／脚本：結束信二／原作：司馬遼太郎／出演：栗塚旭、島田順司、舟橋元、左右田一平、有川正治　ほか

《解説》数ある新選組ものの映像作品の中でも、特に名作との誉れ高いのが六五年に開始したテレビシリーズ『新選組血風録』だ。

司馬遼太郎の原作小説は、時系列にこだわらずに個々の事件や隊士のエピソードをオムニバス的にまとめたものだった。が、本作の脚本を担当した結束信二はそれを時系列に紡ぎ直している。加えて、原作にはないオリジナルのエピソードも所々に挿入した。土方歳三（栗塚）の恋模様を綴った「鴨千鳥」、名もなき隊士兄妹（橋爪功・土田早苗）の悲劇を追った「紅花緒」、薩長に押されて京都を離れる鳥羽伏見の戦い前夜の新選組の姿を隊士・斎藤一（左右田）と薄幸な少女（岩村百合子）との哀しい交流を通して追った「あかね雲」……。サブタイトルが示す通り、それらはいずれも新選組から連想される勇壮なイメージとは遠い、詩情あふれる淡いタッチの内容。

そしてシリーズ後半、結束脚本の本領が発揮される。原作は第十八話の「油小路の決闘」までで、組織の終末は描かれていない。それに対して結束は、箱館で土方が戦死するまでを新たに描き足している。同時にその筆致は、回を追うごとにリリカルさを深めていった。

そうした描写の極致とも言えるのが終盤の第二十四話「風去りぬ」だ。死の病に伏せり、千駄ヶ谷で療養する沖田（島田）を、生き残った隊士たちが訪れる。官軍の江戸侵攻を間近に控える中、死を覚悟した沖田と逆転不可能な形勢に立たされた隊士たち。遅かれ早かれ同じ運命をたどることになる彼らは、ほんの一刻、現実から逃避するかのように静かでほのぼのとしたやりとりを繰り広げる。

「今度生まれ変わる時はな、俺は、お前のような人間に生まれたいと思っているよ」と語りかける土方。「困るなあ、それじゃ。だって私はね、今度生まれ変わってくる時も土方さんと同じような人に逢いたいと思っているんですから」。そう言って微笑む沖田……。どこまでも淡々とした静寂の中で、その終局が語られる。それだけに一層、時の流れに抗えずに滅びゆく新選組隊士たちのサーガが、切々と哀しく胸に沁み入ってくることになった。

◆『素浪人 月影兵庫』『素浪人 花山大吉』（テレビシリーズ 『月影兵庫』全2シリーズ1965〜68年、『花山大吉』1969〜70年）

放送局：NET（現・テレビ朝日）／プロダクション：東映京都テレビ・プロダクション／監督：佐々木康、小野登 ほか／脚本：結束信二、森田新 ほか／原作：南條範夫（『素浪人 月影兵庫』のみ）／出演：近衛十四郎、品川隆二 ほか

《解説》近衛扮する剣豪の浪人・兵庫と品川扮する渡世人・焼津の半次の二人旅を描く道中ものだ。第2シリーズから暴走が始まり、ストーリーそっちのけで追求されるのは、キャラクターの面白さだった。

兵庫には、剣豪に加えて「猫嫌い」という弱点が加わる。猫を前にすると極端に怯えて逃げ出してしまうのだ。敵が猫屋敷にいるというエピソードの時は、半次の陰に隠れガタガタ震えながら乗り込んでいったこともある。一方の半次には、蜘蛛嫌いという設定が加わるが、それ以上に「曲がったことが大嫌い」という性格がエスカレートしている。第1シリーズでも、立ち回りをしながら曲がった表札を直していくというシーンがあったが、ここではさらに身に着ける刀から腰に差した煙管までもが真っ

直ぐになっている。

今までのイメージをかなぐり捨てたように軽妙なズッコケ芝居で笑わせつつ、殺陣を豪快に決める近衛の芝居のコントラストと、とにかく動き回り、顔面から手足まで大袈裟なアクションを見せる品川。そして、そんな二人がエンドレスに続けるセリフの掛け合いが魅力の中心となった。

さらに『月影兵庫』の看板を返上し、新たに『花山大吉』がスタートすると、ストーリーそっちのけで展開される大吉と半次のなじり合いがメインになっていく。大吉（近衛）は客の入らない宿や茶屋の経営コンサルタント。相変わらず剣は強いが、緊張するとシャックリが止まらなくなる。そして無類のオカラ好き。酒の肴にオカラがないと怒り出す。他人が面倒に巻き込まれてもわれ関せず。そして、一度オカラが入るとそれまでの通人ぶりはどこへやら、悪酔いして下品になる。

サブタイトルも笑わせる。「もてた筈だがひどかった」「貴様と俺とはバカだった」「馬鹿は死なずに治っていた」「飲まないうちから酔っていた」「花が恥じらうトシだった」「吹けば飛ぶよなデブもいた」「一人残らず臭かった」……。

時代劇史上でも屈指のナンセンスコメディである。

■『上意討ち 拝領妻始末』（映画 1967年）

製作：東宝／監督：小林正樹／脚本：橋本忍／原作：滝口康彦／出演：三船敏郎、加藤剛、司葉子、仲代達矢　ほか

《解説》『切腹』と同じく、監督＝小林、脚本＝橋本、原作＝滝口という座組なだけあり、負けず劣らずの理不尽な悲劇が重厚なタッチの中で展開されていく。舞台は会津藩。藩士・伊三郎（三船）の息子・与五郎（加藤）は、藩主に疎まれてしまった側室・いち（司）を強引に拝領させられることになる。

与五郎はいちを深く愛した。だが、いちの産んだ藩主の子が世継ぎとなったために、いちを返すよう上意が下ってしまう。

伊三郎と与五郎は怒り、藩に抗う。だが与五郎は殺されてしまい、いちも自ら命を絶った。そして、伊三郎は理不尽を幕府に訴えんと江戸に向かった。そんな伊三郎の前に、一人の男が立ちはだかる。同僚の帯刀（たてわき）（仲代）だ。

二人は上役から「一度は身たちの立ち合いを見たいものだ」と言われるほどの剣の達人だった。気遣いの伊三郎と武骨な帯刀。対極的な性格の両者だが、心の内を何で

も語り合える親友同士でもある。

そんな二人が、ついに剣を交える。

印象的な場面がある。それは決闘直前。伊三郎は連れてきた赤子を帯刀とあやす。与五郎といちの間に生まれた子だ。この時の三船と仲代の表情が、なんとも穏やかで優しく、とてもこれから命のやりとりをする者同士には見えない。だが、この場面が入ることで、心ならずも刀を突き合わせる男たちの悲劇がより切なく突き刺さってくることになった。

決闘は静寂の中で繰り広げられ、伊三郎が勝った。

両者の決闘はいつもそうなのだが、どこか虚しく苦い後味が残る。斬った三船の険しい表情と斬られた仲代の哀しげな瞳から、斬る者と斬られる者双方の痛みが感じられ、簡単には観る側に爽快感を抱かせてはくれないのだ。

刀の重みとは、そこでやりとりされる命の重みそのもの——三船と仲代の決闘からは、そんな想いが伝わってくる。

■『人斬り』（映画　1969年）

製作：大映／プロダクション：勝プロダクション／監督：五社英雄／脚本：橋本忍／原作：司馬遼太郎／出演：勝新太郎、仲代達矢、石原裕次郎、三島由紀夫、倍賞美津子　ほか

《解説》幕末の京都を舞台に「人斬り」浪士たちが血で血を洗うテロリズムを繰り広げる。話題を呼んだのはその豪華キャストで、主役の「人斬り」岡田以蔵(いぞう)に勝、それを陰で操る武市半平太に仲代が扮したのをはじめ、坂本龍馬役に石原、そして薩摩の「人斬り」田中新兵衛役には文豪・三島由紀夫がキャスティングされている。

見せ場満載の作品であるが、中でも強烈な印象を残すのは、無学で野卑な以蔵を演じる勝のワイルドな演技と、智謀に長けた怜悧(れいり)な武市を演じる仲代のクールな演技との、対極的な芝居のぶつかり合いだ。人間らしい感情を全く見せることなく冷淡に以蔵を操る武市と、彼に命じられるままにまるで野良犬の如く叫び狂い、走り回る以蔵――。両名ともに凄まじい狂気をほとばしらせており、多くの人間が正気を失いながら人斬りに明け暮れた時代の異様なまでの熱気を、暑苦しいまでに映し出している。

そして、全編を彩るのは、血みどろのバイオレンスだ。獣のように相手をメッタ斬

りにする以蔵の殺しも壮絶だが、冒頭で展開される武市配下の刺客たちによる土佐藩参政・吉田東洋（辰巳柳太郎）暗殺場面が異様な作品世界の幕開けを飾るにふさわしい迫力だった。

土砂降りの夜道。従者と歩いてくる吉田東洋。物陰から突然現れた刺客の不意打ちに従者は血飛沫(しぶき)をあげて倒れる。三人の刺客が東洋を取り囲む。雨が石畳に叩きつける音が支配する暗闇の中、四本の刀が妖しく光る。泰然自若とした東洋に近づけなかった刺客たちは、悲鳴にも似た絶叫をあげて斬りかかる。それを次々と東洋の刀が払いのける。水たまりをのたうち回りながら体ごと斬りかかる刺客たち。その刃を受け止める東洋の刀。が、刺客たちは二人がかりでその刀ごと東洋の首を押し斬ってしまう。ギリギリと……首筋に刃が食い込んでいく。ほとばしる鮮血。それでも東洋は死なない。血を滴らせながら刀を構え直す。が、やがて意識が遠ざかっていき、息絶える……。

ずぶ濡れになり、泥まみれになりながら必死に殺そうとする刺客たちの凄惨で生々しい姿は、タイトルの『人斬り』を象徴するような、痛みが伝わるシーンだった。

◆『木枯し紋次郎』（テレビシリーズ　1972〜73年）

放送局：フジテレビ／プロダクション：C．A．L、映像京都／監督：市川崑　ほか／脚本：久里子亭（和田夏十、市川崑）　ほか／原作：笹沢左保／出演：中村敦夫　ほか

《解説》上州の貧しい農家で生まれ、赤ん坊の頃に間引きされそうになったところを姉に救われたため、主人公の紋次郎は幼い頃から強い人間不信を植えつけられている。そんな男は、ぶっきらぼうでニヒルなインテリの雰囲気を放つ中村敦夫にピッタリだった。

第一話「川留めの水は濁った」と、（撮影順での第一話である）第二話「地蔵峠の雨に消える」、両方の冒頭のシーンで紋次郎像ははっきりと提示されている。それは「人と積極的に関わらない男」である。

第一話の冒頭、紋次郎が賭場で博打（ばくち）をしていると、そこに「賭場荒し」がやってくる。大混乱になり、渡世人たちは次々と斬られてゆく。その中を紋次郎は淡々と出ていこうとする。助けを求める渡世人に対して紋次郎はこう言い放つ。「あっしは面倒なことに関わりは持ちたくないんで」。第二話の冒頭も同様。街道の片隅で苦しそう

に腹を押さえている渡世人がいる。そこを紋次郎が通りかかる。紋次郎は速度を緩めることなく、そこに誰もいないかのように通り過ぎてゆく。

シリーズの顔とも言える、この第一、二話のファーストシーンで、紋次郎というキャラクターに対してのイメージは決定づけられたと言えるだろう。その後も紋次郎は、村に野盗が向かっていることを伝えてほしいと頼む血まみれの百姓を無視し（第三話）、盗賊に追われている姉弟を無視し（第六話）、地回りに連れ去られた女郎仲間の身請け人を助けてほしいと頼む女の願いを無視し、渡世人たちに輪姦される女の脇を通り過ぎて（第十二話）いる。

ただ、毎回を観終えての余韻は、決して冷たいものではない。姉に命を助けられたためか、紋次郎は心のどこかで人間、特に女性の優しさを信じていて、そのために事件に巻き込まれる。だが最後はほとんどが虚しい結末を迎え、いつも画面に背を向けて淋しく歩いていく紋次郎の姿とともに物語は終わる。それは小さな黒いシルエットにすぎない。しかし、夕景の河原で風になびくすすき、遠くに見える山々……彼を包み込む背景は情感にあふれていて、孤独なシルエットが優しく映し出される。寂しさと同時に去来する温かさ。ただ乾いているだけではない、センチメンタルな世界だ。

■『子連れ狼　三途の川の乳母車』（映画　１９７２年）

製作：東宝／プロダクション：勝プロダクション／監督：三隅研次／脚本：小池一雄（後の小池一夫）／原作：小池一雄、小島剛夕／出演：若山富三郎、松尾嘉代、大木実　ほか

《解説》妻と家来と名誉を奪った柳生一族への復讐を胸に、幼い我が子・大五郎を連れて旅しながら刺客稼業を請け負う拝一刀（おがみいっとう）の活躍を描いている。

作品の大きな魅力となったのは、腕が飛び、足が飛び、頭が二つに割れ、血がドバドバと噴き出すという、三隅研次監督によるスプラッタ満載のバイオレンス描写だ。そんな強烈な演出に引っ張られ、若山が躍動する。刀を持てば天下一品のスピードと重みがあるし、軽々とトンボ（飛び上がり空中で前転して背中から落ちるアクション）も切る……。その巨大な体軀（たいく）に似合わない、鋭いアクションを見せつけた。

中でも凄まじいのがシリーズ第二作にあたる本作だ。冒頭からいきなり二人一体の攻撃を仕掛けてくる敵との血みどろの攻防戦に始まり、一刀はひたすら柳生に狙われまくり、全編にわたり壮絶な立ち回りが続くのだ。集団殺法を得意とする「別式女（べつしきめ）」たちからは街道の行く先々で襲いかかられる。そしてそのたびに文字通り「目にも止

まらぬ」速さの刀で斬り伏せていく。忍者軍団「黒鍬衆」との決闘では槍や小太刀を鮮やかに駆使していた。

圧巻は広大な砂丘で繰り広げられた凄腕の用心棒「弁天来三兄弟」との死闘だ。兄弟はそれぞれ、長男・弁馬（大木）は手甲鉤（手の甲に装着する巨大な鉄爪）、次男・天馬（新田昌玄）は棍毘（鉄製の棍棒）、三男・来馬（岸田森）はあられ鉄拳（トゲつきの鉄製グローブ）というオリジナルの武器を装着し、冷徹に相手を仕留めていく。砂の中に待ち伏せて三兄弟を討たんとした侍たちは、三兄弟の手で次々と葬られ、阿鼻叫喚の中、砂丘は文字通りの血の池と化していく。

そんな残忍な三兄弟に対し、一刀はたった一人で立ち向かう。最後の決戦に際し、猛烈な太陽に照らされながら蜃気楼の中を現れる若山のシルエットがとにかくカッコいい。そして、時には刀を投げることも厭わず、砂丘の地形を利したアクロバティックなアクションをしつつ、容赦ない豪剣を振るう殺気は、まさに鬼神と言えた。

強烈な悪役と、それを上回るヒーロー。チャンバラの醍醐味を心ゆくまで堪能することのできる作品である。

◆『必殺仕掛人』（テレビシリーズ　1972～73年）

放送局：朝日放送／プロダクション：松竹／監督：深作欣二　ほか／脚本：国弘威雄　ほか／原作：池波正太郎／出演：緒形拳、林与一、山村聰、津坂匡章（現・秋野太作）、中村玉緒　ほか

《解説》闇社会の掟の中でもがき苦しむ浪人・西村左内の姿を描いた『殺しの掟』と、鍼医者という人の命を救う表稼業を持ちながら、裏では「仕掛人」として人の命を奪う女好きで食い道楽の享楽主義者・藤枝梅安を描いた『おんな殺し』。いずれも池波原作の、金をもらって人を殺す闇の殺し屋「仕掛人」の生き様を描いたピカレスク小説である二つの短編を合わせて新たに設定した作品だ。

大きな魅力は、やはり梅安（緒形）のキャラクターだろう。本作は原作で描かれる季節感や江戸情緒の要素を全て切り捨て、ハードボイルドな殺し屋のドラマとして特化している。結果として、梅安もまた「仕掛人稼業で稼ぐから、こういった身なりで何不自由なく旨い飯も喰えるんだ」と自らの宿命に開き直る、乾いた享楽主義者として描かれた。決して他人に心からの笑顔を見せることのない人間不信の塊のようなこの男を、緒形は強烈なギラつきを放ちつつ鋭く演じ、作品全体に死臭にも似た迫力を

もたらす。

特に印象的だったのは第二十三話「おんな殺し」だ。標的となった女（加賀まりこ）が、生き別れになった自分の妹かもしれないと梅安は知る。だが、それでも意に介さない。「そうですかね。私はべつに何とも。仕事ですからね」。表情を動かさずそう言い放つと、暗闇の中をただ一人、「仕掛け」へと向かうのだ。そして、何事もなかったかのように、また市井の喧騒へと戻っていく。感情を心の奥底にしまい込み、己の深い業を冷たく受け止めるプロフェッショナルの姿が、当時の視聴者に大きな衝撃を与えることになった。

本作で、もう一つの大きな特徴は、その独特な映像だ。

人物の表情や画面の大部分を漆黒に塗りつぶす極端な陰影の照明と、画面の半分を小道具やセットで覆うナメ・ショットの多用や、顔の一部しか映さない大胆なアップの積み重ねといった挑発的なカメラワーク。こうした一切の情感を排したグラフィカルな映像の数々は当時「時代劇の邪道」とも揶揄されたが、梅安の「影」のドラマ性をより一層際立たせるのと同時に、その殺しをサスペンスフルに映し出し、作品全体を現代的なスタイリッシュなものにしている。

◆『国盗り物語』（NHK大河ドラマ　1973年）

放送局：NHK／演出：斎藤暁　ほか／脚本：大野靖子／原作：司馬遼太郎／出演：平幹二朗、高橋英樹、近藤正臣、松坂慶子、池内淳子　ほか

《解説》油売りから身を起こし美濃の大名まで成り上がった斎藤道三（どうさん）（平）と、彼の遺志を受け継いで天下取りの野心に燃える信長（高橋）、そして道三の軍略を受け継いだ明智光秀（近藤）。この三人の戦国武将の栄光と破滅が描かれる。強烈な印象を残すのは、「若き熱血漢」から「冷酷な権力者」へ変貌する信長を演じきった高橋英樹だった。

本作での信長は、世間の人間の考えを理解することはできず、思ったことを思うまま言動に移すことしかできないのだ。一方、道三との会見の際には、「蝮（まむし）より俺のほうが強い。俺が一番強い」と悪びれることなく堂々と言ってのけている。世間とズレた極度の自信家、つまり「天才的な人間」。それが本作での信長像だ。その天才性のもたらす果断さは、若い頃は英雄の輝きとして映るが、権力を握ると他人の感情への配慮を欠いた常軌を逸した高慢さとして映ってしまう。高橋英樹は青年

期を素っ頓狂な台詞回しで飄々と、壮年期は人を見下したような目線や顔全体の筋肉を神経質そうに震わせて憎々しく、変貌してしまった天才の様を演じ分けていた。

中でも強烈な印象を与えたのは、もう一人の主人公である光秀との対立が表面化する比叡山焼き討ちの場面だ。焼き討ちを止めさせようと説得してくる光秀に、信長はこう言い放つ。「血迷うな、光秀！　己がことごとに好みたがる化け物を叩き壊すり潰して、新しき世を招き寄せることこそ、この信長の大仕事！」。そう言い終わると、信長は烈火の如き表情で光秀の首根っこを捕まえ、その額を何度も地面に叩きつけていくのである。

本能寺に向けて信長は光秀への苛立ちを募らせていく。ここでも、高橋の芝居は際立っていた。信長は光秀を呼ぶ際、「光秀ぇ」と低く押し出すように憎々しく発音しているのだが、特に「ぇ」の部分には強く憎悪の感情が込められていた。そこにいるのは、激情に囚われた魔神そのもの。それだけに、近藤が光秀をあえて「サラリーマン的な常識人」として演じたことも相まって、「理不尽な上司と部下」の関係として生々しく伝わってくる。

◆『子連れ狼（全三部）』（テレビシリーズ　1973～76年）

放送局：日本テレビ／プロダクション：ユニオン映画／監督：石井輝男　ほか／脚本：柴英三郎　ほか／原作：小池一雄（後の小池一夫）、小島剛夕／出演：萬屋錦之介、西川和孝　ほか

《解説》拝一刀（錦之介）は、切腹を命じられた大名の首を介錯する「公儀介錯人」の要職にあったが、その座を欲する裏柳生の当主・烈堂（第一部：高橋幸治、第二部：西村晃、第三部：佐藤慶）の陰謀により謀反人の汚名を着せられ、一族郎党を皆殺しにされてしまう。そして、一子・大五郎と共に柳生家への復讐を胸に浪々の旅に出て、「刺客・子連れ狼」を名乗り、金をもらって人を殺す刺客稼業をしながら柳生への復讐を果たすための軍資金を貯めていく。その間、裏柳生もまた追撃の手を緩めないが、次々とその刺客たちを返り討ちにしていく。

特筆すべきは、まず何と言っても萬屋錦之介だろう。復讐の念を心の奥深くに暗く沈ませて、感情を一切表に出さない死臭すら漂ってきそうな迫力ある演技で、拝一刀を演じているのだ。「中村錦之助」時代は颯爽とした二枚目役を得意としていたが、本作ではそのイメージは完全にかなぐり捨てていた。そのため、立ち回りに際しても

かつてのように表情を激しながら躍動的に刀を振ることは決してなく、冷徹な鋭い眼差しのまま、粛々と殺していくのだ。

合計で三部にわたり一刀と裏柳生の死闘が描かれたが、第三部ではその盛り上がりは最高潮に達する。その一助になったのが、第三勢力として登場する将軍家毒味役・阿部頼母(たのも)(金田龍之介)だった。彼は見た目も悪く、また仕事柄幼い頃から父親に毒の味見ばかりさせられて育ったため、強すぎるコンプレックスを持って生きてきた。そのため、一刀にも柳生にも強い敵対心を抱き、もろとも殲滅しようとする。この強大な敵に対抗するため、一刀と烈堂は一時休戦し、共同してこれに当たったほどだ。

そして、一刀と柳生との決戦もまた、凄まじい。一刀の用意した数々の兵器により、柳生一党はほぼ全滅してしまう。が、一刀も烈堂の策略により名刀・胴太貫を折られてしまい、双方共に死力を尽くした戦闘となった。そして、烈堂との一騎討ちの果てに一刀は破れる。それでも、拝家の復讐は終わっていなかった。大五郎が槍を手にし、烈堂を刺したのだ。そんな大五郎を烈堂は抱きしめ、息絶える。奇抜な設定や派手なアクションが取り沙汰されることの多い作品だが、実は一人の子供の成長譚でもあったのだった。

◆『必殺仕置人』（テレビシリーズ　1973年）

放送局：朝日放送／プロダクション：松竹／監督：工藤栄一　ほか／脚本：安倍徹郎　ほか／出演：山﨑努、沖雅也、藤田まこと、津坂匡章（現・秋野太作）、野川由美子　ほか

《解説》『仕掛人』に続くシリーズ二作目となる本作では、力も言葉も持たずに踏み潰されてゆく人間たちの恨み・怒りの代行者として、仕置人の設定が強調されている。

主役には鍼（はり）医者・梅安の好評を受けて、さらに戯画的に誇張したカイロプラクティック・念仏の鉄（山﨑）。梅安がインテリ的な情念をもって享楽に走り女体を求めたのに対し、鉄は先天的とも言える陽性の男で、女も殺しも根っから好きである。そのため、殺しを稼業とすることへの後ろ暗さはなく、嬉々として人を殺す。その相棒が棺桶屋の錠（沖）。いつも全身から激しい怒りを放つ、若いラディカルさを持った沖縄出身の青年だ。感情にまかせて突っ走る錠を鉄が醒めた目で見る。

そして、仕置人の殺し屋はもう一人いる。それが中年の下級同心・中村主水（もんど）（藤田）だ。職場ではうだつが上がらず、存在感なく「昼行灯（ひるあんどん）」と蔑（さげす）まれ、家では「種なし婿養子」として悪妻と姑にイビられる日々。コソコソと浮気をし、小銭に汚く、

賄賂をせびる。へそくりを貯めることだけが楽しみな、世俗にまみれきったどこにでもいる凡人である。

第一話、三人が初めての殺しに向かうシーンが楽しい。怒りに体を震わせる錠、迫りくる殺しの快楽に武者震いする鉄に対して主水は悠然と笑い飛ばす。「イキるなイキるな。男三十過ぎていい格好しようなんざ、落ち目になった証拠よ」。その顔には、何かワクワク感を押さえきれない、まるで祭りに行く途中のような笑いが浮かんでいる。毎日のルーティーンと違う何かが始まろうとしている――仕掛人の悲愴感の対極にある高揚感あふれる出撃シーンだ。

そんな庶民的な三人が怒りにまかせて悪い奴らをアナーキーに殺していく様はひたすら痛快である。が、それだけに迎える最終回は寂しいものになる。

奉行所に追われ江戸を離れる鉄・錠に主水もついていこうとする。が、二人はそれを拒む。主水にはまだ戻る場所があるからだ。仕置人の鉄・錠の前にも青空が広がる。それを見送る主水は、一人取り残され、奉行所へと戻る。その巨大な門を見つめる主水の後ろ姿とともに物語は終幕を迎える。日常という荒野でさすらい、絶望の中で生きるしかない寂しさがそこにあった。

◆『黄金の日日』（NHK大河ドラマ　1978年）

放送局：NHK／演出：岡本憙侑　ほか／脚本：市川森一、長坂秀佳／原作：城山三郎／出演：市川染五郎（現・松本白鸚）、栗原小巻、根津甚八、川谷拓三、緒形拳　ほか

《解説》主人公・助左衛門（染五郎）ら堺の商人たちの視点から戦国時代の趨勢を描いただけに、歴史の表舞台に名前が出ることのない人生が丁寧に紡がれている。

助左、五右衛門（根津）と三人で仲間として行動し、共にルソンにまで渡った善住坊（川谷）もその一人。助左が商人として成功し、五右衛門が大泥棒として英雄になる一方で、自らは一人だけ貧乏くじを引くことになり、「信長暗殺未遂犯」として追われる身になった挙句に「鋸引きの刑」により残忍な死に方をする羽目に遭う。川谷が最期の最期まで、あの特有の人懐っこい笑顔で通したため、その惨めな死がより一層哀しいものとして際立った。

もう一人、鮮烈な印象を残したのが、五右衛門と駆け落ちする豪商の娘・モニカ（夏目雅子）だ。病に倒れ、美しい顔が醜く変わり果ててもなお、五右衛門をひたすら愛し抜く。そして五右衛門は復活祭の夜、鎮魂歌の流れる中、モニカを絞め殺す。

安らかな笑みを浮かべて死んでいくモニカ……。歴史の陰で蠢く無名の人々の人間ドラマに涙してしまう。

ただ、時代の流れに押し流されて消えていくのは無名の者だけではない。シリーズ後半、それまで助左の庇護者として友情を育んできた秀吉（緒形）は権力の亡者へと変貌、堺を潰そうとして助左と対立する。そして利休（鶴田浩二）は助左の側につく。

秀吉は次々と嫌がらせを堺に仕掛けるも、そのたびに利休の策により返り討ちに遭い、何度も恥をかかされる。イラつき続ける秀吉＝緒形と、微動だにしない利休＝鶴田の芝居のコントラストが抜群で、傲慢な権力者が煮え湯を飲まされる痛快さを際立たせていた。

利休は、秀吉から切腹の命令を受けても動じない。雪の中を助左に導かれながら、桟橋を渡って死出の舟に乗り込む際、穏やかな表情でこう語る。「住みにくい世の中ならなおのこと、意地でも生き抜いてみようではないか」。自らが守りたいもののためには、たとえ敵わぬ戦いだとしても迷いなく命すら投げ出す。それでいて、生きることも最期まで諦めない――。その研ぎ澄まされた最期の表情には、切ないまでの破滅美が漂っていた。

■『柳生一族の陰謀』（映画　1978年）

製作：東映／監督：深作欣二／脚本：野上龍雄、松田寛夫、深作欣二／出演：萬屋錦之介、千葉真一、松方弘樹、山田五十鈴、三船敏郎　ほか

《解説》深作ら製作陣が狙ったのは時代劇版『仁義なき戦い』だった。二代将軍・徳川秀忠の死を契機に《跡目》争いが勃発する。そして、家光派、忠長派、それに捲土重来（けんどちょうらい）を目論（もくろ）む公家や一発逆転を狙う豊臣方の浪人たちといった各陣営の思惑が入り乱れ、陰謀が張り巡らされ、血みどろの抗争が展開されていくことになった。

深作は『仁義なき戦い』さながらの荒々しい演出をもって、初めての時代劇映画に挑む。中でも、柳生但馬守（たじまのかみ）（錦之介）の指示による相次ぐ大虐殺は壮絶だ。

物語中盤の浪人たちが公家の行列を襲撃する場面だ。功名を上げて仕官にありつこうと、それぞれがけたたましい雄叫（おたけ）びをあげながら必死の形相で襲いかかる。だがそれは但馬守の罠で、彼らは一転して柳生の鉄砲隊に取り囲まれてしまう。なんとか生き抜こうと走り回る浪人たちと、そこに容赦なく降り注ぐ砲弾の雨嵐。その中で名もなき無数の浪人たちが次々と倒れていく。

次の虐殺は物語の終盤。柳生の裏仕事を手伝ってきた根来衆を、但馬守は口封じしようとする。そして、根来の里の全てを殺し尽くす命令を下す。命令を受けた柳生は、忍びの者たちはもちろん、女子供にいたるまで、根来の人々を徹底的に撫で斬りにしてしまう。

いずれのシーンも深作得意の手持ちカメラが、斬りかかる者たちと逃げ惑う人々の双方の姿を追いかけていく。その結果、阿鼻叫喚の様子を生々しく描き出すことになった。そこで展開されるのは、『仁義なき戦い』をさらにスケールアップさせたような、目まぐるしい大殺戮の映像だ。

それに加えて、柳生十兵衛に扮した千葉や志穂美悦子、真田広之らJAC（ジャパン・アクション・クラブ）総出演によるアクロバティックなアクションの連続や、一見ナヨナヨしながら刀を抜けば物凄く強い公家・烏丸少将（成田三樹夫）の衝撃、そして終盤の十兵衛による家光（松方）暗殺、その首を抱えた錦之介の「夢じゃ、夢じゃ、夢でござる！」と絶叫する大芝居で終わるラストまで、とにかく間を詰めて見せ場が次から次へと展開していく。

ひたすらハイテンションに、パワフルに押しきる深作演出を堪能できる作品だ。

◆『草燃える』（NHK大河ドラマ　1979年）

放送局：NHK／演出：大原誠　ほか／脚本：中島丈博／原作：永井路子／出演：石坂浩二、岩下志麻、国広富之、金田龍之介、二代目尾上松緑　ほか

《解説》本作は源頼朝（石坂）・北条政子（岩下）夫妻が鎌倉幕府の支配体制を確立していく過程が描かれている。だが、本作の脚本を担当した中島丈博は、別の二人の人間をドラマの核に据えた。一人は政子の弟・北条義時、もう一人は中島が創作した架空の人物・伊東祐之（すけゆき）だ。中島はこの二人の人生を巧みに交差させながら、鎌倉の光と影を照射していく。

そして、両者にはそれぞれ、若き気鋭の役者が配される。義時を演じたのは、松平健。祐之を演じたのは滝田栄。二人の若者は互いを激しく意識し、役柄同様に芝居を通じて壮絶にしのぎを削り合った。

序盤、親兄弟を北条一族に殺された祐之は復讐の鬼と化し、野盗（やとう）にまで身を堕とし ながら悪虐の限りを尽くす。一方、義時は魑魅魍魎（ちみもうりょう）の跋扈する鎌倉にあっても平和主義を貫く、慈愛に満ちた名門の御曹司（おんぞうし）だった。これが後半になって逆転する。さま

ざまな人間の悲劇を目の当たりにし続けるうち、祐之は改心して仏門に帰依、義時は政治闘争を繰り返すうちに権力欲に取り憑かれていく。

そんな光と影が交差する男たちの運命を、二人の若者は互いに「目」の芝居によって表現している。滝田は復讐に燃えるギラついた瞳を、段々と清く澄んだ眼差しへ。松平は、理想に輝く瞳を野心のために淀ませていく。そんな二つの「目」がぶつかり合う場面が、終盤に訪れる。片や貧しい者のために生きる僧として、片や邪魔者は全て容赦なく排除する権力の亡者として、二人は再会する。

「俺は当然のことをしているだけだ。鎌倉の執権としての北条の天下を守っていくために、味方につく者はつけ、殺すべきは殺す」。居直る義時だが、祐之も動じない。祐之の純粋な視線に耐えきれなくなった義時は、その目を奪ってしまう。

そして、最後は琵琶法師となった祐之が「盛者必衰」「諸行無常」と『平家物語』を吟じるシーンで幕を閉じる。それを聞くのは、権力闘争の果てに全てを失い、ただ呆然とするしかないヒロイン・北条政子だった。物語としてのあまりの完成度に震えた。

◆『関ケ原』（テレビスペシャル　1981年）

放送局：TBS／演出：高橋一郎、鴨下信一　ほか／脚本：早坂暁／原作：司馬遼太郎／出演：森繁久彌、加藤剛、三船敏郎、三國連太郎、三浦友和　ほか

《解説》本作には、テレビドラマ史上でも未曽有の豪華キャストが集められている。主人公の石田三成には加藤剛が、その軍師・島左近には三船敏郎がそれぞれ扮している。このいかにも剛直な正義感コンビの前に立ちはだかったのが、徳川家康＝森繁久彌、その軍師・本多正信＝三國連太郎という百戦錬磨の巨怪コンビだった。加藤と三船が英雄的に躍動するのに対し、この森繁と三國はひたすら暗闇での密談を繰り返す。

それでも、森繁の家康は戦場をくぐり抜けてきた男ならではの剛直さや、友との別れに涙する温かい一面を芝居で見せてはいる。が、三國の正信にはそうした人間味はまるでない。家康に命じられるままに策謀を張り巡らせ、人の心を操るのが楽しくてたまらないのだ。そのため、策が上手くハマって家康に媚(こ)びへつらいに来る大名を前にして「なんとまあ、世間には尻尾を振るのが早い男もいるものよ」と内心つぶやきながら、顔が思わずニヤついてしまうこともある。そういう時は、家康から「シッ」

とそれとなく注意もうながされている。

この高慢な策謀家を、三國は実に不気味に演じている。声は決して荒げることなく、いついかなる時でも低く押し殺す。それでいて、家康に策を献する時は嫌味な笑顔を絶やさない。それが一段とこの男の得体の知れなさを増幅させていて、妖怪的な不気味さをいつも漂わせることになる。

だが、そんな男が最後の最後に一度だけ、人間的な一面を見せている。関ヶ原の戦いが終わってしばらくして。隠居となった正信が、ある山寺を一人訪ねる。そこでは、三成のかつての恋人・初芽（松坂慶子）が尼となり、三成の墓を守っていた。「知恵ある者は嫌われる。私はすんでのところで、『徳川の石田三成』になるところを、早々に隠居したから、このように生きておる」。そう語る正信に初芽は「あなたは三成さまとは全く似ていません」と言い放ち、「二度と来ないでください」と言い残して去っていく。

一人残された正信は「そうか。ワシには初芽がおらん。一人の女も、愛したことがなかった……」とつぶやく。この時の三國の背中には、戦いに生涯を捧げた男の虚しさが漂っていた。

■『魔界転生』（映画　1981年）

製作：東映／監督：深作欣二／脚本：野上龍雄、石川孝人、深作欣二／原作：山田風太郎／出演：沢田研二、千葉真一、緒形拳、丹波哲郎、若山富三郎　ほか

《解説》幕府によって滅ぼされたキリシタン・天草四郎（沢田）が魔界の力で蘇り、その妖力をもって並み居る武芸者たちを籠絡。世の中を混沌に陥れ、幕府への復讐を果たさんとする。それに対するは、妖刀・村正を手にした若き剣豪・柳生十兵衛（千葉）だった。

本作で深作は、当時の時代劇で軽視されつつあった《剣の迫力＝チャンバラの魅力》を追求している。特に物語終盤、十兵衛の前には次々と圧倒的な強敵が現れ、観客を煽りに煽っていった。

まずは《天下一の剣豪》宮本武蔵。「十兵衛vs武蔵」これだけでも大興奮のカードだが、その上、武蔵を演じるのは名優・緒形拳だ。両者の距離が近づくにつれ、その戦いへの期待は当然の如く高まっていく。そして決闘は巌流島よろしく、見晴らしのよい海岸で繰り広げられる。互いに波や岩を利用しながら、壮絶に斬り合う十兵衛と

武蔵。そして、一瞬の隙をついた十兵衛が、櫂もろとも武蔵を斬り伏せる。

そして、最後に十兵衛を待ち受けるのは、柳生但馬守。演じるのは十年前に映画『子連れ狼』シリーズをヒットさせた《伝説の剣豪スター》若山富三郎だ。但馬守と十兵衛は役柄の上では実の父子だが、殺陣の上では若山は千葉の師匠に当たる。それだけに、剣を突きつけて対峙し合う両者の間には、ただのフィクションではない迫力があった。

その迫力を生み出すには、深作の用意した凄まじい舞台効果も大きく作用している。江戸城は天草四郎たちの攻撃により、火に包まれる。そして、炎で燃え盛る天守閣の中が父子の決戦の場となった。「十兵衛と戦いたい」——その妄執に取り憑かれた但馬守は、ひたすら息子の名前を叫び続ける。BGMが転調すると同時に炎の向こうから現れる十兵衛。観ていて思わず武者震いする。両者は戦いの前の口上を言い合うのだが、この間にもセットは炎で崩れ落ちていく。そして、合わさる剣と剣。稽古場でも長年にわたり木刀を交えてきた両俳優だけに、スピーディーな斬り合いは圧倒的なド迫力。しかもそれが、画面一杯に燃え盛る炎をバックに展開されるため、観ていて興奮が止まらない。

◆『徳川家康』（NHK大河ドラマ　1983年）

放送局：NHK／演出：大原誠　ほか／脚本：小山内美江子／原作：山岡荘八／出演：滝田栄、大竹しのぶ、役所広司、武田鉄矢　ほか

《解説》戦国時代の最後の覇者となった徳川家康。その艱難辛苦に満ちた生涯を追った作品だ。次々と襲いくる困難に耐えに耐え抜く家康の姿を、滝田栄が大熱演している。

　圧巻は、我が子・信康（宅麻伸）を信長（役所）の命令で死なせる件だ。信長は家康の兄のように優しく接してきた。が、信長が並み居る強敵を倒して天下布武への仕上げに向かうようになると、態度が変わる。「（徳川が）勝手に大きくならぬよう、しかるべき手を打たねばならぬ」。武田を凌駕しつつある家康の存在を警戒するようになっていたのだ。

　家康の長男・信康と信長の娘・徳（田中美佐子）の夫婦は結婚当初は関係が上手くいかず、徳はその愚痴を書いた手紙を信長に送っていた。が、時が経って夫婦仲は睦まじく改善されている。信長は、そんな過去の手紙をいきなり持ち出してきた。それ

を理由にして、家康に信康を斬るよう圧力をかけてきたのだ。そんな信長を止めようと説得する濃姫（藤真利子）に、こう言い放つ。

「天下を乱す奴、国内平定を邪魔する奴は我が子であろうと婿であろうと容赦はできん」

　この時の役所の表情は冷徹そのもの。メイクもあえて青白く塗って血の通わない非人間性を強調する芝居には、見ていて思わず背筋が寒くなってしまう。

　愛する信康を逃がしたい。だが、信長には逆らえない。その葛藤の中、家康は夢を見る。それは、信康を逃がした家康を、馬上の信長が追い回してくるというものだった。ここでの役所は凍りついたような無表情をし、壮絶な圧迫感で押し寄せてくる。家康は腰を抜かして動けない。静かに忍び寄る幽鬼。それが、家康の中での信長像なのだ。

　信長に対する怒り、信康に対する憐憫と悔恨……そうした葛藤の中で苦しみ抜き、やがて全ての感情を包み隠して非情な決断を下さざるをえなくなる家康。そんな姿を、滝田は目から血があふれ出ているのではないかと思ってしまうような壮絶な涙を流しながら、大迫力で演じ切っている。

◆『真田太平記』（テレビシリーズ　1985～86年）

放送局：NHK／演出：大原誠　ほか／脚本：金子成人／原作：池波正太郎／出演：渡瀬恒彦、草刈正雄、丹波哲郎、小山明子、遥くらら　ほか

《解説》織田～豊臣～徳川の時代、信州の小大名として権力者に翻弄されながら巧みに生き抜いていった真田家の当主・昌幸（丹波）とその二人の息子・信幸（渡瀬）、幸村（草刈）の活躍と苦難が悲哀と共に描かれている。

関ヶ原で昌幸は西軍につく。そこには「戦乱に乗じて世に躍り出たい」という野心があった。そして、上田城にて秀忠率いる徳川の大軍を撃破。徳川本隊を関ヶ原に遅参させてみせた。にもかかわらず、西軍は敗れた。そして昌幸は紀州・九度山（くどやま）に幸村と共に蟄居（ちっきょ）させられることになる。徳川を打ち破りながら、昌幸は全てを失ってしまったのだ。

だが、真田の名を天下に轟かせる夢を捨てたわけではなかった。大坂城に立て籠もり、徳川と最後の一戦に臨む。それこそが昌幸の最後の夢だった。だが、老いた身体では、もはや軍勢を率いることは叶わない。そこで昌幸は、幸村に自らの夢を託す。

だが、昌幸の死後も戦乱は起きなかった。

このまま人生を終えてしまうのではないかという不安の中で、幸村は蟄居生活を送る。そのため、《徳川と手切れしたため協力されたし》という大坂からの書状を受け、満足そうに微笑むのだ。そして、家来たちに語りかける。「このワシがどれだけのことができるか、世に問うてみたいのじゃ。男が一人、この世に生きて、死んだ。そのような証を残してみたいではないか」。

一方、長男の信幸は家康の養女（紺野美沙子）を妻とし、関ヶ原の際も父と袂を分かって東軍についていた。以来、家の存続を一に考えて耐え忍んできた。だが、家康・秀忠（中村梅之助・中村梅雀）父子の横暴に、怒りを溜め込んでいた。「左衛門ノ介（＝幸村）の狙いは大御所の首ただ一つであろう。狙いを一つに定めた者を敵に回すと怖いぞ」。そうつぶやいて、信幸は笑う。

生き残ることで真田の《家》を残す宿命を与えられた兄と、散ることで真田の《名》を伝説にする宿命を負わされた弟。そんな兄弟の夢が、大坂城には託されていた。

■『乱』（映画　１９８５年）

製作：東宝、日本ヘラルド映画、グリニッチ・フィルム・プロダクション／監督：黒澤明／脚本：黒澤明、小國英雄、井手雅人／出演：仲代達矢、寺尾聰、根津甚八、原田美枝子　ほか

《解説》舞台は戦国時代。年老いた大名・一文字秀虎（仲代）は長男（寺尾）に家督を譲る。だが、息子たちに次々と邪魔者にされ、居場所を失う。シェイクスピアの『リア王』を翻案した作品である。

驚かされるのは、その背景だ。まず、セットのスケールが大きい。特に秀虎が立てこもることになる城。城郭に加えて巨大な天守閣までもが建てられている。しかも、戦いの中でそれが燃え落ちていく様子までもが映し出されるのだ。

その後ろで動く「風」にも注目だ。最新のリマスター版では空気の流れをも見てとることができる。木々、草花、荒野の砂埃がいつも微妙に動いているのが見えてきて、秀虎の心情に応じて風が動いていることが手に取るように分かった。黒澤はその場に漂う空気をも支配し、コントロールしていたのである。

仲代の演技も圧巻だ。実は状況ごとに表情を千変万化させていて、瞳の奥で複雑な

感情を表現している。

序盤での他を圧する権力者ぶり。そこから、子供たちに裏切られ、打ちひしがれながらも堂々と振る舞おうとする男の強がり……。大きくギラつく両目からは、なんとも情けなく、そして切ない感情がありありと映し出されていた。そう思っているうちに、当初は「しかめっ面」としか感じ取ることができないでいた表情が、何とも愛嬌があるように見えてきた。

特に物語後半、印象的な場面がある。郎党を討ち果たされ自身も気が触れた秀虎は、草花に囲まれながら呆然と座る。ここで従者の狂阿彌(きょうあみ)（ピーター）は草花をまとめて兜を作り秀虎に被せるのだが、この時に仲代はほんの一瞬だけニヤッと笑う。その表情が、実に可愛らしいとすら思えた。

だが、だからこそ哀しい。それまでの威風堂々とした姿を思い浮かべると、あまりの落差が哀れな様として突き刺さってくるからだ。黒澤と仲代は一人の老人の末路に訪れる絶望と狂気を、なんともユーモラスに表現していた。

◆『忠臣蔵』（テレビスペシャル　1985年）

放送局：日本テレビ／演出：齋藤武市／脚本：杉山義法／出演：里見浩太朗、森繁久彌、風間杜夫、中野良子　ほか

《解説》戦前から「忠臣蔵」を題材にした時代劇は数多く映像化されてきた。それだけに、これから初めて「忠臣蔵」に触れようという方はどの作品から入ればいいのか迷われるのではなかろうか。そういう場合にまず推したいのが、本作である。

時代の風潮や作り手の狙いにより、多くの「忠臣蔵」の映像化作品にはさまざまな「新解釈」が盛り込まれているが、本作は徹底してオーソドックス。長きにわたり愛されてきた「忠臣蔵」のドラマツルギーを遵守し、魅力的な見せ場の数々もふんだんに盛り込まれている。そのため、「忠臣蔵とはどんな芝居で、何が魅力なのか」を知る上で、この上なく最高の入り口なのである。

キャスティングも、脇役に至るまで豪華かつ的確だ。主要人物だけを挙げても、いずれも素晴らしい。

主人公の大石内蔵助を演じるのは里見浩太朗。さまざまな想いをじっと胸に隠し、

亡き主君の仇を討つまで様々な心ない声にもひたすら耐え忍ぶ。そして、自らの想いを伝える時は切々と、感情豊かな芝居をする。そして、四十七士を従えて討ち入りを決行する圧倒的な貫禄。見事なまでに大石内蔵助であった。

その主君である浅野内匠頭を演じるのは風間杜夫。吉良上野介から相次ぐ嫌がらせを受け、それでもじっと耐えに耐え、それでも最後は我慢しきれずに江戸城の松の廊下で刃傷沙汰に及んでしまう。一つ間違うと「分別のない世間知らず」と受け取られかねないこの役を、「悲劇の貴公子」として演じきり、その後に続く大石たちの仇討ちに対する観る側の感情移入を大いに盛り上がるものとした。

そして、吉良上野介。これは、仇として狙われる悪役なのだが、一方で高家という高い身分にあるため、憎々しさだけでなく気品も必要。そして「四十七士に狙われる哀れな老人」と思われないための迫力もいる。そんな吉良に森繁久彌は完璧な配役といえた。

要所ごとに流れる堀内孝雄の主題歌も涙を誘う。「忍耐と涙」という「忠臣蔵」本来の魅力を余すところなく伝える作品だ。

◆『独眼竜政宗』（NHK大河ドラマ　1987年）

放送局：NHK／演出：樋口昌弘　ほか／脚本：ジェームス三木／原作：山岡荘八／出演：渡辺謙、西郷輝彦、原田芳雄、岩下志麻、桜田淳子　ほか

《解説》当時、小学四年生だった筆者に歴史劇の魅力を教えてくれた、我が人生の記念碑的な作品だ。とにかく、主人公・伊達政宗の生涯を演じきった若き日の渡辺謙に惹かれた。

渡辺は政宗の青年時代から登場。父・輝宗（北大路欣也）に「狂おしいまで」と言わせる苛烈さで瞬く間に奥州を斬り従えていく英雄を、圧倒的躍動感で見せつけた。

だが、彼の真骨頂はそこから先だった。父を、弟（岡本健一）を殺し、母（岩下）を追放してまで統一した奥州を太閤秀吉（勝新太郎）の一存で手放し、ひたすら太閤の顔色をうかがい続ける屈辱の壮年時代、そして家康（津川雅彦）と共に天下の平定に腐心する、清濁併せ呑んだ老年時代……。魑魅魍魎の跋扈する政治の世界を、腹芸を駆使して生き抜く老獪（ろうかい）な男の姿を、わずか二十七歳の若さで演じきったのだ。

その八十年に及ぶ生涯を見事に演じ分けた渡辺謙を一年見続けることで、「大河」

の意味の何たるかを噛みしめることができた。

中でも強烈な印象を植えつけられたのが、原田芳雄の演じた最上義光だ。伊達家の隣国・山形の領主である義光と政宗は、ことあるごとに対立してきた。そして、絶えずその前に立ちはだかり続けたのだ。

義光は父（今福将雄）を殺し、家臣を追いつめ……ひたすら野心を剝き出しに、権謀術数を尽くして敵対者を排除していく。そんな前半最強の政宗のライバルを原田が人類の悪徳を全て集めたような妖気で演じる様は、子供心に恐怖でしかなかった。特に、自らの妹で政宗の母でもあるお義に政宗暗殺を迫るシーンは、あまりの迫力に身動きができなくなった記憶がある。

だが、それだけで終わらないのが本作の見事なところだ。

後半、秀吉やその養子の秀次（陣内孝則）父子に愛娘（坂上香織）を無茶苦茶にされた挙句に処刑されたり、家康政権下では老いのために判断力が低下して、讒言（ざんげん）に騙されて我が子（畠山久）を死に追いやったり、彼もまた時の権力に翻弄されてしまう。その姿を観ていると、時の流れの無常さを感じずにはいられなくなってくる。

◆『武田信玄』（NHK大河ドラマ　1988年）

放送局：NHK／演出：重光亨彦　ほか／脚本：田向正健／原作：新田次郎／出演：中井貴一、平幹二朗、若尾文子、紺野美沙子、菅原文太　ほか

《解説》戦国最強と謳われた騎馬軍を率いた甲斐の大名・武田信玄の生涯の物語。だが、そこに描かれているのは勇壮な英雄譚ではない。国を平穏に治めるために、非情にならざるをえない権力者の寂しい孤独な姿だ。我が子を死に追い込み、家臣たちからは圧倒的なカリスマとして畏怖（いふ）される。そのために誰にも心の内を明かせなくなる。しかも、それだけでは終わらない。若くして天下人となった信長（石橋凌）への田舎大名としての老いらくの嫉妬が判断を鈍らせ、無謀とも言える上洛の戦いへと駆り立てる。物語は、それがやがて武田家を滅亡へと導くことを匂わせて終幕する。

作品全体を、戦いに明け暮れながら絶えず死を意識して生きていくしかない戦国という時代の暗い闇が覆っているように映る。そして、野心や欲望の中で堕ちていく人間たちの様が次々と叩きつけられていった。

中でも強烈な印象を残す二人の男女がいる。演じたのは、児玉清・小川真由美の両

ベテラン俳優だ。信玄は側室・諏訪御寮人（南野陽子）に心惹かれ、正室・三条殿（紺野）と彼女の産んだ嫡男・義信（堤真一）を疎んじるようになる。このままでは廃嫡もありうると危惧した三条殿の侍女・八重（小川）は、義信の守役でもある武田家重臣・飯富兵部（児玉）を抱き込もうと、色仕掛けに出る。荒れ寺に呼び出される飯富。そこに、般若（はんにゃ）の面を被って現れる八重。生真面目な飯富は「話がないなら帰るぞ」と立ち上がろうとするが、八重に止められ、再び座る。

この段階で、飯富は既に八重のコントロール下に置かれているのだ。面を取った八重の妖しい眼差しに魅入られ、動くこともできない飯富。八重は飯富に寄りかかり、荒い息遣いを聞かせる。辛抱たまらず飯富は、そのまま八重を押し倒してしまう。以来、二人は何度も逢瀬（おうせ）を重ねるように。「このようなこと、続けてはならぬ……」と言うも、飯富は八重から離れることができない。実直を絵に描いたような芝居をする児玉だけに、官能の罠に落ちて籠絡される様がかえって生々しく映っていた。が、それ以上に凄まじかったのは小川で、男の心の隙を巧みに突いて虜（とりこ）にしていく姿の妖しさは「妖艶」などという言葉では収まりきらない、どこか悪夢的な魔性の迫力があった。

◆『鬼平犯科帳（全9シリーズ）』（テレビシリーズ 1989〜2001年）

放送局：フジテレビ／プロダクション：松竹／監督：小野田嘉幹 ほか／脚本：田坂啓 ほか／原作：池波正太郎／出演：中村吉右衛門、多岐川裕美 ほか

《解説》これまで松本幸四郎（八代目［後の初代松本白鸚（はくおう）］）、丹波哲郎、萬屋錦之介が演じてきた火盗改め長官・長谷川平蔵のドラマは、この中村吉右衛門版で完成形となった。それは、代が変わっても市川久夫プロデューサーが脚本を一元的に管理したことで、池波原作からの脚色が段々と熟成されたという側面もある。

が、何より大きかったのは、本シリーズから撮影が京都で行われるようになったことだ。『鬼平』の画面からは、いつも江戸の情緒が感じられた。本当にそこにそういった空間があったのではないかと信じたくなるような浪漫あふれる世界は、懐かしさと同時に失われたものへの郷愁を呼び起こさせてくれる。ただ、実際にそこに映し出されている風景は実は江戸のものではない。それは、江戸から遠く離れた京都の風景なのである。

ほんの短いシーンやただ人が行き交うだけのシーンでも、京都周辺の名所旧跡でロ

ケーション撮影が敢行されている。それまでのテレビ時代劇ではロケ撮影はあまり歓迎されないところがあった。背景の景色がそのままに映り込むことで、撮影した季節の風情もそのままに画面に取り込まれる。その結果、もし放送時期が撮影した季節と異なる場合、視聴者から共感を得られにくいという恐れがあったからだ。だが、池波が描くのは、日常の中で季節の移ろいを楽しむ人々のドラマだ。本作であえてタブーも構わずに、積極的に「季節の映像」を組み込んでいくことになった。これが功を奏し、『鬼平』の画面からは、従来のテレビ時代劇には見られなかった季節の情感あふれる美しい江戸の風景が映し出されることになる。

その象徴となったのが、毎回のエンディングだろう。仁和寺の桜、近江八幡の舟遊び、摩気橋（まけはし）の霧雨と紫陽花、線香花火の背後に輝く打ち上げ花火、東福寺の通天橋の紅葉、降りしきる雪と屋台の蕎麦屋から立ち上る湯気……移ろう季節の映像がジプシー・キングスの演奏する哀切なメロディに乗って送り出されることで、『鬼平』のドラマに独特の余韻がもたらされた。理不尽な運命により身を落としていった人々を包み込む吉右衛門版『鬼平』の世界の優しさ。それが観る者の心に自然と溶け込んでくるのは、こうした背景の情感のもたらす力が大きいのである。

◆『御家人斬九郎（全5シリーズ）』（テレビシリーズ　1995〜2002年）

放送局：フジテレビ／プロダクション：映像京都／監督：斎藤光正　ほか／脚本：金子成人　ほか／原作：柴田錬三郎／出演：渡辺謙、岸田今日子、若村麻由美、益岡徹　ほか

《解説》主人公の松平残九郎（通称・斬九郎＝渡辺）は将軍家に連なる名門の家柄でありながら、無役で御家人として最低の禄（ろく）だけを頂く貧しい境遇にある。そのため「かたてわざ」（今で言うアルバイト）と称する副業によって日銭を稼ぐ。が、その金は美食家の母・麻佐女（岸田）に吸い上げられて、また、本人も生まれついての遊び人気質であるため、少しでも金があれば酒に費やしてしまう。昼は馴染みの船宿で芸者をからかい、小舟に揺られて酒を片手に日向ぼっこ。陽が暮れればこれまた馴染みの居酒屋「東八」でしんみりと酒を飲み、明け方近くになって長唄混じりに千鳥足で帰宅する。そして母親に叩き起こされるまで、昼近くまで眠る。

障子越しに人々の営みを見ながら、酒と共に日々を遊ぶ……そんな粋な日常を送る主人公と、その周辺の人々が事件に巻き込まれていく展開が、毎回のストーリーの基本軸になっている。だが、何と言っても楽しいのは情緒あふれる空間の中で繰り広げ

られる、レギュラーメンバーとの交流だ。中でも、武家出身の芸者・蔦吉（若村）との間で交わされるやりとりこそが、本作の最大の魅力だと言っても過言ではない。たとえば、第5シリーズ第八話「乱調・麻佐女」のラストシーンでのこんな会話。

蔦「あ、そうだ。私ね、この間の話、断っちまいましたよ」残「縁談か？」蔦「そ……」残「断ったのか、おめぇが……」蔦「あたりまえじゃありませんか。あたしが断られるとお思い？」残「ああ、そりゃそうだ」蔦「相手が年下だっていうのがチョイとね。あら、でも年上なら誰でもいいということじゃありませんよ」残「へいへい」蔦「まぁ、惚れられるってのも気が重くて参るものですよね」残「分かるよ」蔦「でしょうねぇ」

実はこの時、残九郎は蔦吉の縁談が破談になっていたことを既に知っていたのだが、そのことを全く語ることなく、彼女の言葉を受け止める。それに対し、目一杯の勝気な態度を取ろうとする蔦吉が、なんとも可愛らしい。

互いに惹かれ合い、想い合いながらも付かず離れず、互いの想いを知りながらの意地の張り合い、まるで宙ぶらりんの関係を楽しんでいるかのような二人の様子がなんとも微笑ましく映し出される。憧れたくなる江戸の空間が、そこにあった。

■『たそがれ清兵衛』（映画　２００２年）

製作：松竹　ほか／監督：山田洋次／脚本：山田洋次、朝間義隆／原作：藤沢周平／出演：真田広之、宮沢りえ、田中泯、岸惠子　ほか

《解説》藤沢周平による『祝い人助八』を基軸に、『たそがれ清兵衛』『竹光始末』という三本の短編を原作に構成されている物語だ。

この三本はいずれも、主人公は貧しい下級武士（または浪人）で、困窮した生活を打破するために戦わされる羽目に遭うという設定だ。数多くある藤沢小説の中から、あえて共通の境遇にある主人公の作品を原作に選んだことからも、山田洋次にとって「貧しさ」を描くことが大きなテーマであることは間違いない。

劇中でも主人公の清兵衛（真田）の貧しい生活の描写が、執拗なまでに描かれている。夜遅くまで幼い娘たちと竹細工作りの内職に勤しみ、それを買い取りにきた商人相手に粘り強く値段交渉をする。そして、非番の日には野良仕事に汗を流す。清兵衛はそうした生活を卑下することなく、むしろ誇りに思っている。

これが、「ワダズ（私）はこの暮らしを、おんな様（叔父様）が考えておられるほど、

みずめ（惨め）に思ってないでがんす」といった訛ったセリフ回しで語られるため、侍というよりは朴訥(ぼくとつ)とした庶民として、そのキャラクターが伝わってくる。そして最後の決闘に際しても、斬り合う相手を前に、つい長々と生活の愚痴を語ってしまうのだ。

山田時代劇のもう一つの大きな特徴がホームドラマとしての要素だ。家庭生活が第一の価値に置かれ、家族愛に満ちたやりとりが丁寧に描写されている。『祝い人〜』の助八はたえず薄汚い身なりをしているが、それは口うるさい妻と死別したことで、その解放感を味わうためであった。対して映画の清兵衛は、原作では妻と死別後は独り身であったのが「二人の子持ち」という設定に変わり、家族想いの人間になっている。

その結果、汚い格好をしている理由も「炊事・洗濯・畑仕事・内職で忙しく身の回りに気を配るヒマがなかった」ということに。「お母はんがいねぇと寂しいか？」「お父はんがいてくれるから寂しぐね」と、清兵衛の家族は〈黄昏〉の侘(わび)しい情感の中で貧しさに負けず、温かく触れ合う。

◆『蝉しぐれ』（テレビシリーズ　2003年）

放送局：NHK／演出：佐藤幹夫、田中健二／脚本：黒土三男／原作：藤沢周平／出演：内野聖陽、水野真紀、勝野洋、平幹二朗、柄本明　ほか

《解説》幼い頃から互いに好き合いながらも、次々と襲いくる運命にさいなまれ、結局は結ばれえなかった男と女の二十年に及ぶ物語である。原作では二人の過ごした年月は編年体で描かれている。対して黒土（くろつち）の脚本は、原作でエピローグとして配された「二十年後の再会」のシーンを冒頭に配置させ、そこから二人の思い出話として回想させながら物語を展開させていく。

文四郎（内野）は自らの父を陥れ、家族をどん底に落とし込んだ家老（平）が、今度は藩主の子供を産んだ想い人・お福（水野）を殺（あや）めようとしていると知り、命を懸けてこれを守る。それから二十年、文四郎は家族を持ち、それなりの役職に出世。お福は藩主の側室となり、そして藩主の死去にともない尼寺に入ることになっていた。福が尼寺へ発つその日、二人は再会する。つまりこれは、二人の俗世での最後の邂逅（かいこう）なのである。「文四郎さん……今日はそう呼ばせてください」「お福さま……」「福で

す。今日の私は福です。そう呼んでください。遠いあの日のように、せめて今日だけは」。が、文四郎は「ふく」と呼ぶことができない。黙り込む二人の間に蝉しぐれが聞こえてくる。そして、回想へと入っていく。まばゆいものを見るような目で過去を思い出し、語り合う二人。この視点が挟まれることで、回想を通して展開される過去の物語が、もう取り戻すことのできない青春の追憶として、ほろ苦く匂い立ってくる。

　この空間にはこの二人しかいない。それでも二人は互いを律して、互いの身分のままの距離を保とうとする。そして、あふれんばかりの感情を押し殺しながら、ポッリと語り合う。「子を失った時、いっそ死んでしまいたいと思いました。それを押しとどめてくれたのは文四郎さん、あなたでした。生きてさえいれば、またいつかお会いする日が来るかもしれぬ、と。それだけを頼りに……」と、徐々に心の底を吐露するようになるお福だが、文四郎はひたすらに押し黙っている。二人の悔恨が深く静かに染みわたってくる演出だ。だからこそ、最終回の最後になって二人が互いの感情を解き放ち、初めて結ばれた時、「ふく……！」と短くその名前を呼ぶだけの文四郎の台詞が重く響いてくる。それは、二人の青春の残滓がようやく昇華された瞬間を意味するものだからだ。

●『かぐや姫の物語』（映画　2013年）

製作：東宝／プロダクション：スタジオジブリ／監督：高畑勲／脚本：高畑勲、坂口理子／原作：『竹取物語』／声の出演：朝倉あき、高良健吾、地井武男、宮本信子　ほか

《解説》有名なおとぎ話『竹取物語』を、高畑勲監督が長い歳月をかけてアニメ化した作品だ。

基本的な物語は、我々がよく知るものと大きくは違わない。

時は平安時代。子供のいない翁が竹を割ると、その中には赤ん坊が。「かぐや」と名付けられた赤ん坊は美しく成長する。その噂を聞きつけた貴族たちは次々と求婚してくるが、姫は結婚の条件として彼らに無理難題をつきつける。やがて、姫は月へと去っていく――。

ただ、そこは高畑監督。竹取物語をただそのまま描くはずはない。

前半は、とにかく多幸感に包まれている。翁夫婦と幼少期のかぐやの触れ合い、仲間たちと野山を駆け巡る少女時代の躍動感。観ていて心地よくなり、ずっとこの映像に浸っていたいと思わせるほどだった。

が、中盤以降になって都での生活が始まると、それは一変する。会ったこともないのに勝手に想像して美辞麗句を並べて口説いてくる男たち、彼女のことを何も知らない者たちが広めていく数々の噂話、そして退屈極まりない生活。あれだけ輝きに満ちていたかぐやの顔は曇りがちになる。画面から流れ出てくる鬱滞した空気は、彼女の重い気分の中での暮らしを観る側にも共有させようとしているようにすら思えた。

姫は逃げる。かつて楽しく暮らした山の中へ。が、そこももはや「帰る場所」ではなくなっていた。逃げ場のない絶望感の中で、かぐやは表情を失っていく。

前半の煌めきにときめいただけに、後半のかぐやを観ているのがつらく、いたたまれない気持ちになった。そして、そこにこそ高畑監督の狙いがあったと思われる。

ここに描かれているのは平安時代の物語だ。が、遠い過去の、現代と全く関係のない話ではない。社会と男性たちの無理解と理不尽により、心を殺さないと生きていけない現代女性たちの姿が、かぐやには仮託されている。

優れた時代劇作品には現代的なテーマ性が的確に盛り込まれている。そういう点では、まさに本作は「優れた時代劇」といえる。

■『沈黙―サイレンス―』（映画　2017年）

製作：KADOKAWA／監督：マーティン・スコセッシ／脚本：ジェイ・コックス、マーティン・スコセッシ／原作：遠藤周作／出演：アンドリュー・ガーフィールド、リーアム・ニーソン、窪塚洋介、浅野忠信　ほか

《解説》時代劇をきちんと作ろうとすると、それなりに予算と時間をかけ、たっぷりと準備をかける必要がある。かつての日本の映画やテレビはそれができていたが、今の製作状況ではそれも難しくなっている。そうなると、ハリウッドなど外国の力を借りたくなるところだが、海外で日本の時代劇が作られる場合、どうしても変なアレンジが加わった作りになってしまい、観ていて違和感だらけになる。そして結果として、日本国内だけでなく外国でも受けない――ということに。

本作は、長年にわたり数々の名作を生み出してきたマーティン・スコセッシ監督の手による、ハリウッド産の時代劇。日本の俳優陣に、リーアム・ニーソン、アダム・ドライバーといったハリウッドのトップどころのスターが絡む。

観る前は、「スコセッシがどう時代劇を切り取るのか」という期待と、「もしかして

今回も――」という不安が半々だった。そして、その不安は早々に打ち砕かれる。

キリシタンに対する弾圧が激しい江戸時代の長崎に、神父のロドリゴ（アンドリュー・ガーフィールド）とガルペ（ドライバー）は潜入する。日本での布教に生涯を賭けてきたフェレイラ神父（ニーソン）が棄教したという噂の真相を確認するためだ。そして二人が見ることになるのは、隠れて信仰する人々を苛む、激烈な弾圧による地獄絵図だった。

一言で表すと、「素晴らしい時代劇」だった。二十一世紀に入ってからでいうと、間違いなくベストの出来である。

どこまで信仰に殉じることができるかを極限まで突き付けてくる苛烈なドラマ、違和感なく入ってくるセットや衣装や小道具のリアリティ。そして何より、日本の俳優陣がアメリカ勢と対峙して全く見劣りのない芝居を見せてきたことに驚いた。

ちゃんとした映画を撮れる監督がちゃんと準備して撮ると、ちゃんとした時代劇になる。そこに国籍は関係ない。そのことを教えてもらえた作品だった。今後も、海外の一流どころにぜひとも時代劇をつくってもらい、日本に喝を入れてほしい。

第二章

隠れた名作65本

■『鞍馬天狗　角兵衛獅子』（映画　1951年）

製作：松竹／監督：大曾根辰夫／脚本：八尋不二／原作：大佛次郎／出演：嵐寛寿郎、美空ひばり、山田五十鈴、月形龍之介　ほか

《解説》浪人・倉田典膳（てんぜん）が覆面の剣士・鞍馬天狗に変身、京都を舞台に幕末の志士たちを助けて新選組と戦う。

大佛次郎が創作したヒーローは嵐寛寿郎の主演で、戦前から戦後にかけておびただしい本数が映画化されてきた。品行方正、勧善懲悪に徹したキャラクターはその後の日本のヒーロー像の原点となった。

中でも本作は、このシリーズの魅力が最も凝縮された一本になっている。宿敵・近藤勇（月形）との決闘を始めとする幕府や新選組を相手にした数々のアクションも大きな魅力だ。が、それ以上に魅力的なのが少年・杉作との触れ合いである。

角兵衛獅子として路上で芸を売って暮らす杉作は、金を落として困っているところを鞍馬天狗に恵んでもらう。が、杉作の親方・長七（加藤嘉（よし））は天狗を新選組に売ってしまった。急襲を受けた天狗の危機を杉作が救う。だが、そのために長七から折檻（せっかん）

を受けることに。天狗は杉作を助け出し、薩摩の西郷吉之助に預けた。

孤独な少年と正義のヒーローとの邂逅と友情とが抒情感あふれる映像の中で描かれ、心が温まる。長七を演じる加藤嘉の厭らしいまでの憎々しさが、杉作の置かれた境遇の厳しさを物語るのと同時に、天狗の優しさを際立たせる。

そして、この杉作を演じるのが、幼き頃の美空ひばり。実は歌手としてだけでなく役者としても超一流だった。嵐寛寿郎、月形龍之介といったトップどころのスターたちと絡んでも、全く見劣りすることのない抜群の芝居をみせる。「天狗のおじちゃーん！」と叫んで呼びかける際は、さすがの美声を響かせ、その一言でドラマに郷愁をもたらせていた。

もちろん、天狗を演じる嵐寛寿郎も素晴らしい。

杉作に見せる心優しい表情と、新選組を相手にした時の凄み。独特の低い重心から繰り出される、スピーディーで伸びやかな殺陣。「これぞヒーロー」という颯爽としたカッコよさを見せてくれる。

「正義とはなにか」を堂々と謳い上げた、勧善懲悪の模範といえる作品だ。

■『下郎の首』（映画　1955年）

製作：新東宝／監督・脚本：伊藤大輔／出演：田崎潤、片山明彦、嵯峨美智子（後の瑳峨三智子）、高田稔、小沢栄（後の小沢栄太郎）　ほか

《解説》巨匠・伊藤大輔監督が戦前に撮った映画を戦後になって自らリメイクした作品だ。描かれるのは「下郎（げろう）」と呼ばれる軽輩の侍（田崎）の、あまりに切ない生涯だ。

湯治場での囲碁のもめ事により主人を殺されてしまった下郎は、主人の息子・新太郎（片山）と仇を探す旅に出る。だが時が経っても仇には巡り合えなかった。その間に新太郎は病を患い、荒れた乞食小屋で伏せる毎日を送る。下郎はそんな主人の身の回りの世話はもちろん、大道芸をして生活の足しにしていた。そうした折、下郎は雨宿りが縁でお市（嵯峨）という女と出会い仲良くなるのだが、実はお市は仇の妾だった。間男を疑われた下郎は仇に斬りかかられるが、乱闘の果てにこれを返り討ちにする。

本作が映し出しているのは「時」というものの残酷さだ。長い貧しい暮らしの中で、颯爽としていた新太郎は無残なまでにみすぼらしくなり精神もまた卑屈になっていっ

た。旅を始めた頃は下郎のために身を挺して守ることもあったのが、女と懇ろになった上に仇を討ち果たしてしまった下郎に嫉妬の感情さえ抱くようになっていたのだ。そうとは知らず、主人の情を信じて甲斐甲斐しく忠誠を尽くす下郎の姿は、哀れを通り越して滑稽にすら映ってきてしまう。

そして、その果てに悲劇が訪れる。一行は国元への帰路についた。が、仇の門弟たちに追いつかれてしまう。彼らは、師匠の仇として下郎を狙っていたのだ。下郎の身を譲るよう脅してくる門弟たちを前に悩む新太郎だったが、やがて決断を下す。新太郎は下郎に友人に手紙を渡してくるよう言いつける。字の読めない下郎は手紙の内容が分からない。実はそれは、下郎を存分に扱って構わないという、門弟たちに宛てた手紙だった。そうとは知らず、門弟たちに囲まれても「主人の用だけは済ませたい」と願う下郎。手紙の内容を聞かされても信じようとはしない。そして、ついに真相を理解した下郎は呆然と立ちつくす。そして、凄まじい怒号を上げながら門弟たちに斬りかかっていく。

理不尽の上にさらなる理不尽が次々と重なり、取り返しのつかない悲劇が生まれる。本作には、そんな人間の業が余すことなく描かれている。

■『ひばり捕物帖　かんざし小判』（映画　1958年）

製作：東映／監督：沢島忠／脚本：中田龍雄、瀬戸口寅雄／原作：瀬戸口寅雄／出演：美空ひばり、東千代之介、堺駿二　ほか

《解説》沢島忠監督の作風の大きな特徴は、めまぐるしく動きまくるスピード感あふれる映像と、時に現代語も厭わない冒険心にある。そうやって等身大の青春の活気を画面に叩きつけていく演出は当時の若者たちからの支持を受け、「東映ヌーベルバーグ」とも言われた。

本作も、沢島らしい冒険心が漲（みなぎ）っている。老中の妹でありながら男装して市井で十手持ちとして暮らすお七（美空）が殺人事件に巻き込まれ、それを解決していくという大筋だ。だが、チャンバラあり恋愛ありで、とにかく留まることなく賑やかに展開していくため、ミステリー要素はどうでもよくなってくる。

中でも実に楽しい場面が、前半に訪れる。敵に囚われるという窮地を脱して安心したお七と喧嘩屋の兵馬（東）は居酒屋で酒を酌（く）み交（か）わすのだが、興が高じてきた二人は歌を唄い踊り始める。ここで店の照明はいきなり真っ赤になり、他の客も二人の後

ろで踊り始めるのだ。しかも歌の伴奏として流れてくる音色は和楽器ではなく、とても江戸時代の居酒屋にあるとは思えない管弦楽器。沢島は、時代劇の中にミュージカルの手法を持ち込んだのである。

当時、沢島はハリウッドに負けないだけの軽快な娯楽映画を作りたいという意識を持っていた。本作は、そんな沢島が歌い手として類稀（たぐいまれ）な才能の持ち主であるひばりと出会うことで生まれた、新しくも刺激的な時代劇の表現だった。

ラストの立ち回りも賑やかで楽しい。芝居小屋を舞台に、弁慶の扮装で大暴れするお七。その危機に駆け付けようと一目散に駆ける兵馬。そして、駆け付けたまま乱闘に参加して次々と相手をなぎ倒す。その様がとにかくスピーディーなカットで描かれていくので、観ていてワクワクしてくる。

美空ひばりの切れ味よい口跡による軽やかな芝居も観ていて楽しい。

堅苦しい理屈抜きに、頭を使わずに気軽に楽しめる。今こそ観直してほしい、傑出したエンターテインメント作品だ。

■『一心太助　天下の一大事』（映画　1958年）

製作：東映／監督：沢島忠／脚本：鷹沢和善／出演：中村錦之助（後の萬屋錦之介）、月形龍之介、中原ひとみ、桜町弘子　ほか

《解説》沢島忠監督と名コンビを形成した中村錦之助が鉄火肌の魚屋・太助を演じる人気シリーズ第二弾で、本作で錦之助は太助と将軍家光の二役を演じている。

軽快――。沢島監督の時代劇の魅力を語る際、これほどふさわしい言葉はないだろう。

とにかく演出のリズムが「軽やか」で、それが実に「快い」のである。明るく賑やかな、お祭り騒ぎのようなスピーディーな映像が次々と繰り広げられ、その目まぐるしさに巻き込まれているうちに、アッという間にエンディングを迎える。そして、観終えると「ああ楽しかった！」そんな爽快な気持ちが全身を駆け巡る。

本作は、そんな沢島監督の魅力が凝縮した一本といえる。

冒頭から最高だ。

「ええ、皆さん、おはようございます！　神田駿河台西小路、大久保彦左衛門忠則の

一の子分、一心太助でございます！」

軽やかなテーマ曲に乗ってカメラに向かって駆けてきた太助がこちらに向かってそう口上を述べるオープニングから、もう楽しい。

タイトルロールが終わると四の五の言わずにすぐ動き出す物語、駆ける太助、それを追ってカメラも奔る。セリフにアクションに表情に——全てが躍動する錦之助らの姿をスピーディーに切り取る速いカッティングの映像の軽快さに乗せられているうち、心がウキウキしてくる。軽快な錦之助の芝居と演出のリズムに乗せられて、江戸っ子の心意気がビンビンに伝わってくる。

そして、テンポの良さは九十分の上映時間、最後まで一度としてダレることはない。説明的な場面や情緒的な演出は一切なく、ひたすら前へ前へ、テンポ良く物語は進む。しかも、恋あり、陰謀あり、アクションありのテンコ盛り。あっという間に時間は過ぎていく。

ラストは太助率いる魚屋たちと侍・木場人足の連合軍との賑やかな大乱闘。思い切り大騒ぎして、少し泣かせたらダラダラと引っ張ることなくスパッと終わる。完璧なリズムだ。

■『夜の鼓』（映画　1958年）

製作：松竹／プロダクション：現代ぷろだくしょん／監督：今井正／脚本：橋本忍、新藤兼人／原作：近松門左衛門／出演：三國連太郎、有馬稲子、森雅之、金子信雄、殿山泰司　ほか

《解説》近松門左衛門による戯曲の映画化作品である。

三國扮する主人公・彦九郎は藩の御納戸役を務める生真面目な男。美しい妻・たね（有馬）との再会だけを楽しみに、参勤交代の道を故郷に向かっていた。が、帰ってみると周囲の様子がおかしい。誰もが皆、口々に妻が城下の鼓打ち（森）との不義密通を噂しているのだ。

それでも、ひたすら妻を信じて何事もないように過ごす彦九郎だったが、世間体を気にする親族たちが黙っていない。一同は集まり、たねの不義の真相を探るべく証人たちを次々に呼び出して状況を聞いていく。結局、不義を目撃した者はいなかった。が、帰り際、彦九郎に真相を耳打ちする者が現れる。それを受けて彦九郎は妻を問いただす。妻は耐えきれず、不義を認めてしまうのだった——。

本作の最大の見どころは、妻から不義の告白を聞いてからの三國の変貌ぶりである。

当初はどこか青々しい雰囲気で、親族会議では東野英治郎、加藤嘉、菅井一郎、殿山泰司ら並み居る曲者（くせもの）役者たちに囲まれて存在感は希薄だ。それが終盤、まるで別の人間になる。妻の告白を聞き、縁側で呆然とする彦九郎だったが、突然立ち上がると、妻を平手で叩き始める。首、頭、顔……何発も何発も振り下ろされていく。

この時の三國の表情が凄い。普通の役者であれば怒りで強張らせたり、悲しみに歪めたりするところだろうが、三國の顔には感情らしい感情が浮かんでいないのだ。決して声を荒げることなく、冷たい仏頂面のまま、妻を打ち続けている。

それは、殴り終えた後も変わらない。弱々しく肩をすぼめ、妻とは一度も目は合わせない。そこには、誰の目にも分かりやすい感情はどこにもない。と言って、何の感情も出ていないのではない。むしろ、一言では表現できない、人間の奥底に眠る激情が、そこから浮かび上がってきている。

表立った感情はたしかにない。その冷たい顔の奥には、悲しみや怒りだけでなく、絶望、屈辱といったものまで含んだ、愛する者の裏切りを知った男の複雑な――だからこそ生々しい――感情が表現されているのだ。

■『妖刀物語　花の吉原百人斬り』（映画　1960年）

製作：東映／監督：内田吐夢／脚本：依田義賢／出演：片岡千恵蔵、水谷良重（現・二代目水谷八重子）、木村功、原健策　ほか

《解説》何も知らずにタイトルだけ見ると「吉原で百人の遊女を抱いた遊び人の話」と誤解する人もいるかもしれない。が、ここでの「百人斬り」は比喩表現ではなく、本当に日本刀で斬った——という話である。

主人公の次郎左衛門は生まれつき顔に大きな痣があり、そのため幼い時に親に捨てられてしまう。武州佐野で優しい商人夫婦に拾われて育つと、真面目一筋に働き、跡を継いだ後には店を大きく繁盛させていた。が、その容貌のために誰も嫁に来てくれない。取引相手から江戸で見合いを薦められるも、ここでも相手に嫌がられる。気晴らしに吉原に連れていかれても、遊女たちは自分の横にはついてくれない——。

そんな理不尽に遭い続ける次郎左衛門を、片岡千恵蔵が演じる。コンプレックスを強く抱きながらも、それによって捻くれることなく、穏やかなお人好しであり続ける——そんな人間像を演じる「静」の芝居が絶品であった。

連れていかれた吉原でようやくついた遊女は八ツ橋（水谷）。岡場所で安女郎をしていた、不人気の遊女だ。次郎左衛門は初めて女性から優しく接してもらい、自分の容貌も受け入れられる。そして、ゆくゆくは身請けして妻としたいと思い、彼女を遊女の最高格である「太夫」にするために通い詰めるようになっていく。

だが、店の人間も、そして八ツ橋も、次郎左衛門を金づるとしか思っていなかった。そうとは知らず、店の金まで持ち出す次郎左衛門。

泥の中から這い出てきたような猛烈なバイタリティをみせる熱い水谷と、ひたすら純情無垢であり続ける物静かな千恵蔵。両者の対極的な芝居がやがて両者に訪れる悲劇を予感させ、観ているこちらも苦しい気分になってくる。

そして、ラストにはタイトル通りの惨劇が待ち受ける。

が、だからといって残酷で凄惨という印象はない。そこに至るまでの次郎左衛門が受けてきた仕打ち、それを演じる千恵蔵の切ない芝居を観ていると、ただひたすらに、やるせない想いだけがこみ上げてくる。

■『瞼の母』（映画　1962年）

製作：東映／監督・脚本：加藤泰／原作：長谷川伸／出演：中村錦之助（後の萬屋錦之介）、木暮実千代、松方弘樹、大川恵子　ほか

《解説》渡世人・番場の忠太郎（錦之助）には幼い頃に生き別れた母がおり、その姿を求めて当て所なくさすらいの旅を続ける。

折り目正しく仁義を通し、人情も厚く、喧嘩も強い。そして、どこまでも母を慕う。そんな忠太郎を、気風（きっぷ）の良さの奥底に憂いを秘めた芝居で演じる錦之助がたまらなくカッコよく、また愛おしく映る。

たとえば序盤。

血気盛んで駄々っ子のような弟分・半次郎（松方）と、息子を堅気（かたぎ）にするために毅然と接するその母親（夏川静江）の様を目にする場面。「おめえが本当にうらやましいよ」と言い残して、半次郎の抱えたトラブルを自身が引き受けると誓って去ろうとするのだが、この時の優しさと寂しさを帯びた口跡――惚れ惚れする。

その後の、「上下の瞼をぴったり合わせてじいっと思い出しゃあ、会えねえ昔のお

っかさんの面影が出てくる――」と目を閉じて涙を流す様も心を揺さぶられる。この時、加藤泰監督は錦之助の表情を長回しのアップでじっくり捉え、ＢＧＭの甘いメロディと合わせ、しっとりとした「泣かせ」の演出で思い切り盛り上げる。

他にも、路上で暮らす貧しい盲目の老婆（浪花千栄子）や老いた夜鷹（沢村貞子）といった、どこか母の面影を感じさせる女性たちとの触れ合いも、心温まるものがある。

そして、ついに訪れる実母（木暮）との再会。名乗りをあげる忠太郎だったが、突き放されてしまう。気持ちは動いていたが、築き上げたものを守るため渡世人を我が子と認めるわけにはいかなかった。その想いに気づかず、忠太郎はただ悲嘆に暮れる。

ここまで涙まみれに描いておいて、さらに最後にもう一つ泣かせ所があるから凄い。娘に諭され、実母は忠太郎を受け入れようと決意する。実母と妹の呼びかけに対して、忠太郎のとったリアクションとは――。これが実に切ない。

長谷川伸の描いた情と哀愁を完璧に映像化した、どこまでも泣かせてくれる作品だ。

■『祇園の暗殺者』（映画　1962年）

製作：東映／監督：内出好吉／脚本：笠原和夫／出演：近衛十四郎、北沢典子、千原しのぶ、菅貫太郎、佐藤慶　ほか

《解説》人斬りに明け暮れるあまりに狂気に駆られていった幕末の志士たちの人間模様が、冷酷なタッチでつづられていく。近衛十四郎（じゅうしろう）扮する薩摩藩浪士・志戸原は土佐の武市（佐藤）の下で、佐幕派を暗殺する人斬りをしていた。だが、あまりに酷（むご）たらしい殺しの連続に、徐々に心が落ち着かなくなっていく。

特に、目明（めあか）しを殺害した時に居合わせた少女はそのために精神に異常をきたしてしまい、ほとんど表情を動かすことがなくなる。そんな少女に志戸原は包丁で襲いかかられてしまい、脂汗を垂らすばかりで全く身動きができない。この少女の演技はとてつもなく恐ろしい雰囲気を醸し出していて、当代の剣豪役者である近衛が腰を抜かしてしまうという描写でも、抜群の説得力を与えていた。

やがて、組織は理性を失っていき、武市の命令とあれば仲間でも容赦なく粛清するようになっていた。特に、志戸原を慕って薩摩からやってきた田代（菅）の変化は目

に余るものがあり、気弱で純朴な青年はいつしか残忍な殺戮マシーンと化していた。あまりの無道ぶりを止めようとする志戸原だったが、もはや誰一人として聞く耳を持つ者はいなくなっていた。そして、石部宿に滞在する江戸の役人たちを皆殺しにするという案が持ち上がる。なんの大義もない計画に志戸原は反対するが、無駄だった。宿は阿鼻叫喚に包まれる。

そうした中、志戸原は馴染みの女（木村俊恵）とその夫（佐藤洋）を見つける。見つからないように逃がす志戸原。だが、夫は一人だけ生き残るわけにはいかないと自害して果ててしまう。夫の復讐のため、志戸原を誘惑する女。あえてそれを受ける志戸原。頼るべきものを失った孤独な男と女は強く結ばれることになる。その時、彼の心に初めて平穏が訪れた。だが、既に遅かった。裏切り者として、志戸原は田代たちに無残に処断されてしまうのだ。

理想がいつしか目的を失い、個人の情を押し潰し異常な心理へと駆り立てていく。本作には、そうしたいつの時代も変わることない組織の悲劇が描かれていた。

■『武士道残酷物語』（映画　1963年）

製作：東映／監督：今井正／脚本：鈴木尚之、依田義賢／原作：南條範夫／出演：中村錦之助（後の萬屋錦之介）、東野英治郎、渡辺美佐子、森雅之　ほか

《解説》江戸初期から現代まで、時系列順に七つのエピソードが並ぶオムニバス的な構成になっている。舞台となるのは、飯倉家。この家の人間たちは代々忠義を重んじてきたが、そのために横暴な主君たちに理不尽な目に遭う。

そんな飯倉家の歴代の当主全員を中村錦之助が一人七役で演じている。驚くべきは、当主たちは皆それぞれに年齢も見た目も性格も異なるにもかかわらず、錦之助がその全てを完璧に演じ分けていることだ。

戦国武将・次郎左衛門は歴戦をくぐり抜けてきた凄みの伝わる眼光の鋭さと落ち着いた貫禄。その子・佐治衛門は凜々(りり)しい若さを放ち、前髪の美少年・久太郎は無垢さを前面に出して、壮年の剣客・修蔵は精悍(せいかん)に。明治時代の車夫・進吾は爽やかに、特攻隊員・修は切なく、そして現代のサラリーマン・進は等身大に——錦之助の演技のバリエーションの豊富さに、ただひたすら舌を巻くのみだ。

そして、彼らは皆、最終的には悲劇で終わる。錦之助が素晴らしいのは、その哀しみの演じ方もまた、シチュエーションや役柄の性格の違いによってそれぞれ異なるアプローチで表現していることだ。

中でも圧巻なのが、修蔵の終局場面だ。藩のために我が娘を無理矢理に老中へ献上させられ、妻は主君に手籠め(てご)にされた挙句に自害。それでも、修蔵は感情を押し殺し、全てを受け止めてきた。が、それが最後に爆発する。修蔵は目隠しをしたまま相手を斬るという剣法を会得(えとく)していて、主君の命で目隠しをして二人の「罪人」を斬ることになる。斬って初めて、修蔵は知る。手にかけた相手が自分の娘とその恋人だった――、と。

この時の錦之助の演技が凄まじい。亡骸(なきがら)を抱き抱え、怒りと悔恨の入り混じった表情で悲鳴のような慟哭(どうこく)をするのである。それまで全ての感情を飲み込んできたからこそ、この最後の感情の爆発がより痛切に迫る芝居になり、「取り返しのつかない悲劇」として観る側に突き刺さってくることになった。

■『真田風雲録』（映画　1963年）

製作：東映／監督：加藤泰／脚本：福田善之、小野竜之助、神波史男／原作：福田善之／出演：中村錦之助（後の萬屋錦之介）、ミッキー・カーチス、ジェリー藤尾、千秋実　ほか

《解説》真田幸村を助けて徳川に立ち向かう架空の忍者たち「真田十勇士」の活躍を追った、忍術アクションだが、十勇士たちの描かれ方が珍しい。

まず、その設定だ。通常、彼らは幸村や豊臣家の忠義のために戦うのだが、本作は違う。彼らの大半は「戦災孤児」という設定で、「自分たちのために、自分たちの戦いをする」と生き甲斐を求めて幸村（千秋）と戦いを共にするのだ。

そんな十勇士なだけに、個々のキャスティングも一筋縄ではいかない。霧隠才蔵は猿飛佐助と恋に落ちる女忍者の設定になっていて、これを渡辺美佐子が演じている。さらに、ジェリー藤尾にミッキー・カーチスと、当時の人気歌手たちも十勇士に扮し、歌やギターで敵を翻弄する。

加藤泰監督は、彼らの戦いを時にミュージカルを交えつつ、コミカルに賑やかに演出している。にもかかわらず、作品全体を支配しているのは、そこはかとない寂寥（せきりょう）

感(かん)だった。

それは主人公の佐助（錦之助）によるものだ。佐助は生まれてすぐに隕石の放射能により、瞬間移動をしたり人の心を読んだり——という特殊能力を身につけていた。驚くのは、時の時代劇スターが、超人的能力の持ち主を演じているにもかかわらず、本作では決してスーパーヒーローと描かれていないことだ。

佐助は幼い頃からその能力のためにかえって孤立してしまい、人間不信の中で孤独に育ってきた。そのため、十勇士に加わっても決して彼らの輪に交わることはなく、いつも遠く屋根の上から彼らの喧騒を眺めているのだ。そんな佐助の引いた視線を通して物語は紡がれていくため、ほかの十勇士たちが楽しげに振る舞えば振る舞うほど、その様はどこか寂しげに映し出されている。

この演出が終盤になって効いてくる。結果として、最終的に何ら得るものなく空しく散っていった十勇士の戦いを物悲しく際立たせることになり、そのために観る側の心を強く鷲摑みにするからだ。

奇想天外な物語を通して展開される、哀しい人間ドラマだ。

■『柳生武芸帳　片目の忍者』（映画　1963年）

製作：東映／監督：松村昌治／脚本：高田宏治／原作：五味康介／出演：近衛十四郎、松方弘樹、東千代之介　ほか

《解説》近衛十四郎が柳生十兵衛を演じる人気シリーズの最終作である。本作はそれにふさわしい、とてつもないアクションが展開された。

柳生一門の目的は、敵忍者軍により砦に拉致された殿と姫を救出することだったが、彼らを待ち受ける砦が並大抵のものではなかった。この砦、だだっ広い野原に築かれているのである。忍者が術を使えるのは暗い影があるからだ。影のない見晴らしの良いところでは、忍者の技能は無力化され、ただの兵士に過ぎなくなる。そして、砦は二重三重の防壁に囲まれ、そこからは何千丁もの鉄砲が無防備のまま砦に突っ込んでいかざるをえない柳生忍者を狙う。

これを突破するには、どうすればいいのか――。通常の忍者映画であれば、特殊な技能をもってこの危機を突破してのける。だが、本作の脚本を担当した高田宏治は柳生一門を「集団として動くことで初めて力を発揮することのできる忍者群」として設

定しており、多様な技能は持たせていない。唯一の武器は己が肉体のみ。それを犠牲にしながら目的を遂行させることにした。

この砦には知恵も術も通用しない。それでも、十兵衛一人が本丸にたどりつきさえすれば敵の銃火器と関係ない対決に持ち込むことができるため、任務が完遂する可能性は——気休め程度だが——高くなる。ならば、残る柳生忍者たちは、十兵衛を本丸へと向かわせるための捨石となって命を懸けるのみ、だ。

彼らは自らの身体を盾として十兵衛を取り囲んで、砦からの一斉射撃を浴びながら十兵衛を進ませていく。そして、堅固な防壁に対しては、己が身体に爆弾を巻きつけて突っ込み、これを破壊する。硝煙が画面全体を包み、銃声が響きわたる中を柳生一門は匍匐(ほふく)前進しながら顔を泥で汚して敵陣へと近づいていった。そこで繰り広げられていたのは、まるで戦争映画のような、壮絶な死闘である。

ラストシーン、一門の脱ぎ捨てた無数の深編笠が墓標の如く整然と並ぶ。疲れ果てた苦渋の顔でそれを一瞥して十兵衛が言い放つ。「柳生一族に手向けの言葉は無用」——戦いに全てを捧げた男たちの虚しきダンディズムに、胸が締めつけられる。

■『座頭市千両首』（映画　1964年）

製作：大映／監督：池広一夫／脚本：浅井昭三郎、太田昭和／原作：子母澤寛／出演：勝新太郎、坪内ミキ子、長谷川待子、城健三朗（後の若山富三郎）、島田正吾　ほか

《解説》本作は、シリーズ屈指とも言えるスケールの大きなアクション巨編に仕上がっている。冒頭のタイトルバックから座頭市は早くも三度の立ち回りを見せつけ、これからの展開への期待を高める。そして、シリーズ初登板となった池広一夫は西部劇調の時代劇を目指して、スタイリッシュな映像で座頭市の世界を切り取ろうとしていた。そこでこだわったのが、カメラマンだ。本作には、『羅生門』『雨月物語』といった幾多のグランプリ作品の撮影で世界の映画史に影響を与えた巨匠・宮川一夫が登板している。当時はまだキャリアの浅い若手の一人だった池広からすれば、そう簡単に伍すことのできる相手ではなく、賭けとも言える配置だった。

が、宮川は池広の期待に完璧に応える仕事をしてのけている。宮川カメラの特徴は、陰影の強い画作りと大胆な移動撮影にあるが、その双方が本作では如何なく発揮されているのだ。特に、国定忠治（島田）一党が赤城山を降りるシーンでの、道中合羽を

着て夕闇の中を歩いていく男たちの黒く浮かび上がるシルエットの美しさと、唐丸籠(とうまるかご)に囚われた庄屋を救うため市が斬りかかる終盤の立ち回りを横移動の一カットで撮ったスピード感は圧巻で、世界の頂点に君臨していた宮川のカメラ技術を堪能できる。

そして、本作のアクションを盛り上げているのが、もう一人いる。それが敵役として登場する若山富三郎だ。若山の扮する浪人・十四郎の武器はムチだ。そのため、市の居合いの間合いに入ることなく遠隔攻撃ができる。市はいかにこれを倒すのか。それもまた、本作の大きなテーマになっていた。

ラストには壮絶な決闘が用意されている。馬上からムチで攻撃してくる十四郎に対し、市は為す術がない。挙句に首をムチで縛りつけられて、そのまま馬に地面を引きずられてしまうのだ。これは、若山自身のアイディアだった。勝もまた喜んで受け入れ、スタントなしでこれを演じている。

監督・スタッフ・役者がそれぞれに最高の仕事をしたことで、血湧き肉躍るエンターテインメントが全編を貫くことになった。

■『三匹の侍』（映画　1964年）

製作：松竹／監督：五社英雄／脚本：阿部桂一、柴英三郎、五社英雄／出演：丹波哲郎、平幹二朗、長門勇、桑野みゆき　ほか

《解説》テレビ局の人間が初めてメジャー会社で映画を撮った記念碑的作品でもある。その開拓者となったのが、当時フジテレビにいた五社英雄。本作は、彼の名を一躍とどろかせた人気テレビシリーズの映画化作品だ。

五社演出の象徴は「刀と刀の合わさる効果音」である。今は時代劇で当然のように使われているが、これは本作のテレビシリーズの際、当時の小さいテレビ画面でも視聴者の注意を引いて迫力を感じてもらうべく、五社が開発した手法だった。

大画面だから、本来ならそうした効果音を必要としない劇場版でも使ったところに「映画、何するものぞ！」という五社の覚悟が見てとれる。

本作に賭ける五社の情念は、主人公である「三匹」の浪人たちそれぞれの登場場面の描写にも凝縮されている。

取り立てに苦しむ農民と代官とが一触即発の状況にある農村に、別々の事情を負っ

た三人の浪人がやって来る。柴左近（丹波）は、代官所の捕り手たちを撃退した礼に農民たちから差し出された薄い冷え粥を旨そうに貪る。桔梗鋭之助（平）は「持っている奴の飯をたらふく食うことにしているのでな」と、代官側に付くことを厭わない。桜京十郎（長門）は代官所の牢に入れられるが、出されそうになっても「もう二、三日、置いてつかぁさい。雨露も凌げるし、飯の心配もいらんからのう」と出たがらない。

「三匹」は誰もが腹を空かせていて、「食う」ことを生きる第一に置いているのだ。本作では冒頭から、そのことが徹底されて描かれている。正義や世直しといった、時代劇ヒーローに見られがちな綺麗事は微塵もない。そんな餓えた男たちが、最後はノウノウと暮らす代官たちに斬りかかっていく。

その斬り方も、型通りに美しいものではない。特に丹波の殺陣にいえることだが、相手の脳天をかち割らんばかりの勢いで本気で振り下ろす。しかも汗まみれ、泥だらけになりながら。それだけに相手も必死の形相で斬りかかり、凄まじい迫力を生んだ。

そのギラつく姿は、蔑視に耐えながら映画界に斬り込んだ五社自身と重なる。

■『大殺陣』（映画　1964年）

製作：東映／監督：工藤栄一／脚本：池上金男／出演：里見浩太郎（現・里見浩太朗）、平幹二朗、大友柳太朗、大坂志郎、三島ゆり子　ほか

《解説》『十三人の刺客』の好評を受けて、監督＝工藤栄一、脚本＝池上金男のコンビで製作された集団時代劇だ。今回の標的は次期将軍候補の甲府宰相（可知靖之）。彼を殺せば、専横を極める大老・酒井（大友）から権力の源泉を奪うことができる。そう考えた軍学者・山鹿素行（安部徹）の企てだった。

だが、その設定や展開は『十三人〜』とは随分と異なる。『十三人〜』はリーダーの指揮下に集められた、プロフェッショナルな刺客の集まりだった。が、本作は違う。一人一人全く異なる背景をもって暗殺に参加しており、しかも全員が全員、とても戦いに向いているとは思えないような人間たちばかりなのだ。そのため、『十三人〜』では全員が一致団結して目的遂行に向けて粛々と動いたのに対して、本作の刺客たちは内ゲバまがいの殺し合いも起こしている。中でも、肉欲の塊のような破戒僧（山本麟一(りんいち)）は決行直前、連絡係の山鹿の姪（宗方奈美）に欲情して犯そうとするものの拒

まれてしまい、逆上して姪を絞め殺してしまう。

　山鹿から暗殺部隊のリーダーに選ばれた貧乏御家人（大坂）も、決してリーダーに向いているような男ではない。彼には妻と三人の幼子がいた。貧しくとも笑顔の絶えない家庭だったが、家族がいては決心が揺らいでしまうと判断し、皆殺しにしてしまうのだ。家族団欒の次のカットが血まみれの大坂の手で、その次に家族の死骸が並んでいる様がいきなり映し出されるものだから、観ていての衝撃は大きかった。

　そのため、当然のごとく暗殺もまた決してスマートにはいかない。江戸にやってくる甲府宰相一行を吉原に追い込み、大門を閉めて閉じ込めてから一気に殲滅する手筈だったが、宰相一行は脇のドブ川に逃げ込んでしまった。そして照りつける太陽の下、胸までつかる深いドブ川でおびただしい水しぶきをたてながら、敵味方の区別がつかないような乱戦の中で斬り合いが行われる。

　一見すると何が起きているのか分からないほどの喧騒が映し出されることになったが、斬ることへの執念、そこから逃げる必死さは強烈に伝わり、異様な迫力の映像になった。

■『忍者狩り』（映画　1964年）

製作：東映／監督：山内鉄也／脚本：高田宏治／出演：近衛十四郎、佐藤慶、山城新伍、河原崎長一郎、田村高廣　ほか

《解説》舞台は江戸時代初期。幕閣首脳は外様雄藩を潰すべく、忍者を使って陰謀を張り巡らしていた。松山藩家老（田村）は藩内に潜入した忍者たちから幼君を守るべく、和田倉（近衛）ら四人の浪人を傭兵として雇い入れる。

通常の「忍者映画」は、超人的な能力を駆使して敵地で任務を遂行する忍者たちの物語だ。本作ではその視点が逆転。「攻める忍者」ではなく、「忍者から守る」側から描かれている。陰に潜む忍者は、いつどこから襲い来るか分からない。それをいかに見つけ出し、殲滅するか――。そのサスペンスが全編を貫く。和田倉は、姿なき忍者を炙り出すべく、怪しい藩士を全て目の前に引き出して無実の者まで含めて皆殺しにするなど、容赦ない手段でこれに臨む。

この皆殺しの場面が、尋常でなかった。静寂の白洲に六人の容疑者が引き出される。和田倉はその前に歩を進め、刀を抜き払う。そして、鬼神の表情で問答無用に一人目

を斬る。このままでは、自分たちもこの男に殺される――。そう察した五人は悲鳴をあげて逃げ惑う。阿鼻叫喚の中、和田倉は次々と撫で斬りにしていく。そして、四人目の男が忍術を使って塀を飛び越えようとした時、その背中に刀を浴びせるのだ。残った一人は、あまりの事態に発狂してしまっていた。和田倉は死屍累々を眺めながら、肩で激しく息をする。侮蔑（ぶべつ）と憎悪の眼差しを浴びせてくる藩士たちを全く気にはしない。こうすることでしか敵を倒すことはできないからだ。

そして、緊迫感が頂点に達するのが、ラストでの忍者の頭領「闇の蔵人」（天津敏（あまつびん））との決闘シーンだ。

決戦の舞台は、地下霊廟（れいびょう）。閉ざされた霊廟の暗闇から、蔵人は攻撃を仕掛けてくる。和田倉は見えざる敵に怯えながら、これと対峙する。この霊廟が素晴らしく、ピラミッドを参考に建設された、巨大な石造りセットだった。そして、これが抜群の効果をもたらす。暗闇の不気味さは冷たく引き立ち、和田倉を覆う恐怖の空間が映像の中に浮かび上がってくる。徹底して冷たく乾いたタッチの、最後まで息が詰まる作品である。

■『十兵衛暗殺剣』（映画　1964年）

製作：東映／監督：倉田準二／脚本：高田宏治／原作：紙屋五平／出演：近衛十四郎、大友柳太朗、香川良介、林真一郎、北竜二　ほか

《解説》柳生家から将軍家指南役を奪い取ろうと企む剣客・幕屋大休（まくやだいきゅう）と、その野望に立ち向かう柳生十兵衛との死闘が描かれている。十兵衛に近衛十四郎、大休に大友柳太朗。いずれも一九五〇～六〇年代の時代劇黄金期に剣豪スターで鳴らした者同士だ。

この配役が面白いのは、これまで正統的なヒーローを演じてきた大友が冷酷非道な悪役に扮し、主役だけでなく脇役・悪役も演じてきた近衛を迎え撃つ図式になっていることだ。そのため、本作の大友は悪役であっても泰然自若（たいぜんじじゃく）とした気品があり、近衛は主役でも無敵感はない。結果、「ひょっとしたら十兵衛は敗れるのではないか」という緊迫感が生まれた。

その期待通り、大休は圧倒的な強さで柳生一門を次々と血祭りにあげていく。特に圧巻はラストの両者の一騎討ちだ。敵の本拠地のある琵琶湖上の島に乗り込もうとする十兵衛ら柳生一門だったが、大休の罠にかかり十兵衛を残して全滅する。十兵衛は

たった一人で琵琶湖岸の湿地帯でゲリラ戦を展開、大休との一騎打ちにまでこぎつける。が、大休は強かった。十兵衛の刀は折れ、その圧力に押されて後ずさりすることも。

長年にわたり主役を務めてきただけに、大友は相手を容赦なく追いつめる迫力を出すことに長けている。一方、悪役も演じてきただけに、近衛は斬られることも厭わない。大友に斬られては悲鳴をあげ、追いつめられては怯えた表情をする。そして、泥まみれ、血まみれになりながら這いつくばって、傷だらけになりながらようやくのことで大友を倒す……。

画面に収まった両雄から放たれるオーラはほぼ互角。そのため、パッと見ではどちらが主役でどちらが悪役かは分からない。だからこそ、観客は結果が読めず、その決闘から片時も目が離せなくなる。

「主人公は勝てないのでは」と思わせるような強烈な悪役の存在があり、主人公はそれを決死の覚悟で乗り越えていく。それを演じる役者同士の交わすプライドを懸けた芝居の応酬が、本作を単純な勧善懲悪とは一味違うエンターテインメントにしているのである。

■『仇討』（映画　1964年）

製作：東映／監督：今井正／脚本：橋本忍／出演：中村錦之助（後の萬屋錦之介）、田村高廣、毛利菊枝、神山繁、丹波哲郎　ほか

《解説》たいていの時代劇では「美談」として語られることの多い仇討を、残酷で理不尽な「見世物」として描いたのが本作だ。

主人公の新八（錦之助）は部屋住みの無役の身であるが、そのことを奥野孫太夫（神山）がバカにしたことで両者の間に遺恨が生まれ果たし合いが行われる。新八が孫太夫を討ち果たすのだったが、事件を有耶無耶（うやむや）のうちに終わらせようという大目付の計らいで、両者は狂人だったということで処理されてしまう。新八は山奥の寺に幽閉された。

納得いかないのは藩で随一の使い手とされる孫太夫の弟・主馬（丹波）で、兄の仇を討つため寺へ向かう。寺に入ってしばらくは心の平穏を取り戻していた新八だったが、仕方なくこれを迎え討ち、またしても勝利してしまう。

奥野家の家督は三男の辰之助（石立鉄男）が継いだ。新八と辰之助は同じ無役同士

で心を通わせた仲であり、これ以上の殺生が続くことを良しとしない新八は討たれる覚悟を固める。仇討の場にも、刃引きをして相手を斬ることのできない刀で向かうことにした。辰之助に討たれ、静かに死にたい。それだけが、新八の願いだった。

が、藩がそれを許さない。重役たちはこれを衆人環視の見世物としたのだ。数多くの野次馬が取り囲み、出店も現れて金儲けをする輩まで出てきた。そして、現れた新八は「人殺し！」と詰られ、石が投げつけられる。しかも、辰之助には多くの助っ人が付いていた。「助太刀無用！」と叫ぶ新八の声は届かない。辰之助に斬られるのは構わないが、どこの誰か分からない者の手にはかかりたくない。が、肝心の辰之助は足がすくんで動けない。やむなく、新八は助っ人たちと斬り合いを始めることになった。

自身にはなんら落ち度がないにもかかわらず、次から次へと理不尽な状況が降ってかかりやがて破滅的な悲劇を迎える――橋本忍脚本の真骨頂とも言える構成が見事だし、その理不尽に対してもがき苦しみ、それでもなお必死に抗おうとする錦之助の熱量を込めた強烈な演技も圧巻だった。

■『幕末残酷物語』(映画　1964年)

製作：東映／監督：加藤泰／脚本：国弘威雄／出演：大川橋蔵、内田良平、西村晃、中村竹弥、藤純子(現・富司純子)　ほか

《解説》破滅の美学、英雄譚として語られることの多い新選組を、冷酷な非人間的組織として描いた、凍(い)てつくような空気に覆われた作品である。

《悪》を一手に引き受けるのが土方歳三(西村)だ。態度は傲岸不遜(ごうがんふそん)。その目には温かい感情はまるでなく、いつも冷たい視線を投げかける。そして、人間が苦しみ悶える姿をシニカルな微笑を湛えながら眺める、生粋(きっすい)のサディストである。

冒頭の入隊試験から、いきなり凄まじい。ここで土方は、入隊希望者に竹刀ではなく木刀で立ち合いをさせる。頭をカチ割られる者や内臓を破壊され大量に吐血する者が続出し、道場は阿鼻叫喚に包まれるのだ。そうした中でも土方は眉一つ動かさない。

残忍な場面はさらに続く。主人公の新人隊士・江波(大川)は気が弱く、血を見るのが苦手だった。剣の腕も決して高くはない。そんな江波に、内通者の処断役が命じられたのだ。「貴様、わざとこのような未熟者に!」。そう叫ぶ内通者。腕が未熟だか

ら、一太刀で仕留めることはできない。その分、斬られる側の苦痛は続く。それを見越しての抜擢だった。実際、江波は内通者を闇雲に斬りまくるしかなく、凄惨な処刑となってしまった。

屯所の片隅には脳梅毒に侵された隊士が牢に入れられていて、発狂しながら「出してくれ！」と叫び続ける。それがまるでBGMのように、この残酷劇の背後に響きわたる。その台詞が象徴するような、どこにも逃げ場のない閉塞感（へいそくかん）と、そうした中で醸成されていく狂気が全編にまとわりつき、ひたすら息苦しくなってくる。

そして、物語が進展するにつれて明らかになるのは、土方の陰で隊士たちを意のままに操る近藤勇（中村）の姿だった。

「私が斬れと言ったら、誰でも殺せるようになることだ」。

平然とそう言い放つ様子は、まるで狂信的なカルト教団の教祖。「もう嫌だ。こんなところで死んでたまるか！」と脱走を試みる隊士たちが無残に斬られていった。

■『五辧の椿』（映画　1964年）

製作：松竹／監督：野村芳太郎／脚本：井手雅人／原作：山本周五郎／出演：岩下志麻、田村高廣　ほか

《解説》松竹の若手スター候補生として、おしとやかな「お嬢さん」的な役柄の多かった岩下志麻が、狂気や凄みをまとうキッカケになった作品である。

舞台は天保年間の江戸。おしの（岩下）の母親（左幸子）は、病に苦しむ夫（加藤嘉）をないがしろにして、男たちとの情事にふけっていた。父の死を契機に、おしのは復讐を決意。まずは母親、そしてその愛人たちを次々に殺害していく。

父との回想場面では純朴そうな少女に見えていたおしのが、復讐の鬼と化していく様を岩下は見事に演じていた。

大人の男たちを手玉にとる妖艶さ、復讐に際して放つ殺気と狂気――。変貌していくおしの姿が、箱入り娘のイメージを捨てて本作に挑む岩下自身が女優として成長していく姿と重なり、凄まじい迫力で観る者を圧倒する。

その結果、とてつもないことが起きる。

復讐のために対峙する相手を演じる役者は、母親役の左、愛人役の伊藤雄之助、岡田英次、小沢昭一——いずれもが、アクの強い演技で知られる名優たちだ。このクセ者たちを前にして岩下が圧された雰囲気が出てしまっては、おしのの復讐の狂気に説得力がなくなってしまう。だが、当時わずか二十三歳の岩下は堂々と渡り合っている。

特に圧巻だったのは、左との対決の場面だった。

おしのを復讐へと駆り立てることになるこの場面。両者は互いに生の感情をぶつけ合うのだが、ここで岩下が見せた演技が強烈だ。

父への慕情、母への憎悪、そして自らにも流れる母と同じ淫蕩な血への嫌悪——それらの感情が渾然一体となり、変幻自在な芝居を見せてくる左を相手に、真っ向から引けをとらない情念を表現してのけてみせた。

全編において濃厚な血のにおいが放たれた作品だ。

◆『甲州遊侠伝　俺はども安』（テレビシリーズ　1965年）

放送局：フジテレビ／プロダクション：国際放映／演出：五社英雄　ほか／脚本：柴英三郎　ほか／出演：砂塚秀夫、青島幸男、姫ゆり子　ほか

《解説》主人公の「武井の安五郎（通称「ども安」）」と相棒の「黒駒の勝蔵」はともに講談・映画の中では《清水の次郎長》と反目する悪役とされてきた。本作では、そこが一味違う。若き日のども安（砂塚）と勝蔵（青島）が親分になるまでを描いた、立身出世の青春時代劇だ。

特にども安を演じる砂塚の演技は見事だった。泥と汗にまみれた顔にギラつく瞳、人懐っこいが寂しげな表情、威勢はイイが思うように話せない。いつも人に騙される。惨めな思いを振り払おうと「チキショウ！」と声を絞り出しながら前に進む。

第一話、名主の息子だったども安は、惨めな生活に嫌気が差して村を飛び出す。

こうしたバイタリティを表現するために、五社はとにかく二人の顔を汚した。全編を通して、安・勝蔵、共に全身汗と泥にまみれきっている。そして、その薄汚れて屈辱に歪みながらも、ギラついた輝きを見せる二人の表情を、クローズアップの連続で

切り取っていくものだから、その情念や熱気が凝縮された形で画面全体に叩きつけられている。そこからは這いつくばりながらも「上」を目指す男の熱気が伝わる。

安は一人の親分と出会う。大きな花会を開き、その上がりを百姓たちに分けるらしい。

「必ず、ああいう大親分になりてぇもんだなぁ」と感心した安は、やくざ渡世で売り出す決心をする。だが、全ては嘘っぱちで、その親分は上がりを独り占めしてしまう。怒った安は勝蔵と二人で殴り込む。

これが立ち回りというよりは、もつれ合うようなリアルな喧嘩シーンだった。最初は威勢の良かった安だが多勢に無勢、結局はボロボロになり、這いつくばりながら逃げてゆく。その表情にあふれていた怒りは、泥だらけの屈辱に変わってしまった。あまりに情けない、救いのないラストシーンだった。

しかも、戦いそのものを映し出すことはあまりしないで、戦っている安の表情を大胆なクローズアップを用いて追い続ける。ここでのテーマは、いついかなる時でも、安の顔それ自体なのである。汗と泥にまみれた、上昇志向のギラつきとその裏返しであるコンプレックスに満ちた、男の泥臭いバイタリティが映し出される。

■『冷飯とおさんとちゃん』（映画　1965年）

製作：東映／監督：田坂具隆／脚本：鈴木尚之／原作：山本周五郎／出演：中村錦之助（後の萬屋錦之介）、三田佳子、新珠三千代、木暮実千代　ほか

《解説》原作は山本周五郎。刀によらない物事の解決を描き続けてきた作家だ。そんなヒューマニストによる小説『冷飯』『おさん』『ちゃん』の三本がオムニバス形式で綴られている。三本ともに主演は中村錦之助、監督は田坂具隆が務める。

描かれるのは、三様の情。

身分違いの恋に悩む若侍がひょんなことから出世をし、片想いが成就するまでを描く一本目の「冷飯」。自分の作る火鉢が売れずに苦しむ職人が、貧しいながらも家族や周囲に支えられながら我が道を進もうとする「ちゃん」。いずれも、仕事熱心で一途な男が苦労しつつも報われていく様に、心温まるものがある。

ただ、周五郎の世界はハートウォーミングなだけではない。時には、理不尽に苛まれる情も描かれる。ほのぼのとした二本に挟まれた「おさん」も、そんな作品である。

大工の参太（錦之助）は好き合って一緒になった妻（三田）の、夜の淫らさを受け

止めきれずに江戸を出奔。旅先で知り合った宿の女中（新珠）に惚れられるも、心を開くことができない。

そして、妻が男から男を渡り歩きながら悲惨な境遇に陥っていることを知る。妻への愛憎と罪の意識に苦しみ、目の前に転がる幸福に浸ることのできない参太の葛藤が、錦之助の暗い影を湛えた芝居によって切なく迫る。「業」を背負った女を演じる三田も見事だし、彼に運命を狂わされた男を演じる大坂志郎も強烈。それぞれがそれぞれの情念を完璧に表現し、どうにもならない宿命の理不尽が観る者に突き付けられてくる。

「冷飯」での、ほんわかとした若侍。「おさん」での苦しみ抜く大工。そして「ちゃん」での一途な職人。それぞれに全くの別人の「情」を演じ分ける錦之助が圧巻だ。

チャンバラなどの活劇シーンは一切ない。人間の心情が、ひたすらじっくりと描かれていく。それもまた、時代劇の魅力である。

■『股旅　三人やくざ』（映画　1965年）

製作：東映／監督：沢島忠／脚本：野上龍雄、笠原和夫、中島貞夫／出演：中村錦之助（後の萬屋錦之介）、仲代達矢、松方弘樹　ほか

《解説》沢島忠監督が、渡世人の生き方を「秋」「冬」「春」という季節になぞらえて描いた作品だ。「秋」の章では親分の仇討のために役人を斬った渡世人を仲代達矢が演じている。仲代らしいナイーブでストイックな佇(たたず)まいが「秋」の渡世人らしい落ち着きを伝えている。最終的には、情にほだされた女のためにあえて自分の居所を役人に教え、その金を女の身請け金にして、自らは捕り手との斬り合いの中で笑顔を浮かべて死んでいく。

「冬」の章では、いかさま博打が見つかった老渡世人（志村喬）とそれを助けた若い渡世人（松方）が雪深い山中の茶店に逃げ込んでくるところから始まる。「畳の上で暮らしてえ。畳の上でまっとうな死に方をしてえ」と嘆く老人に、若者は苛立つ。そこに茶店の娘（藤純子［現・富司純子］）が戻ってきて、それが老人の娘だと分かる。そんな折に追手がやってきた。若者は老人を店の中に押し込み、「とっつぁん、畳の

上で娘さんと仲良く暮らすんだぜ」と言って、単身で敵中へ斬り込んでいくのだ。

この作品が面白いのは、先に二つの章で渡世人の男らしい生き様・死に様を見せておいて、最後の「春」の章でそれを引っくり返しているところだ。

ここでの主人公である渡世人（錦之助）は一見すると頼もしそうで、実際に「男涙の茨の道」などと子どもたちを捕まえて偉そうな人生訓を嘯（うそぶ）く。だが、それはただのハッタリだった。

通りがかった村の村長から非道な役人（加藤武）を殺すことを依頼されたところ、村人たちの厚いもてなしを受けて悪い気がしない渡世人はつい受けてしまう。実は腕はからっきしダメだったのだ。なんとかコッソリ去ろうとするが、その機会を失い役人と対峙することに。そこで役人の凄味を前に全く手の出なかった渡世人は村人から呆れられ、村長は颯爽とした身なりの別の渡世人（江原真二郎）に依頼をする。が、この男はもっと酷く、裏で役人と取引をして村長を売ってしまった。怒った渡世人は裏切り者を斬る。

「男涙の茨の道か……くだらねえ！」。そう吐き捨てる錦之助の表情は実に生々しく、アウトローを気取ることの虚しさが伝わる余韻を残すことになった。

■『大魔神』（映画　1966年）

製作：大映／監督：安田公義／脚本：吉田哲郎／出演：高田美和、青山良彦、藤巻潤、五味龍太郎　ほか

《解説》舞台は戦国時代の丹波。家老の大舘左馬之助（五味）は領主に対して謀反を起こし、討ち果たす。領主の子供である忠文（青山）と小笹（高田）の兄妹は側近の小源太（藤巻）に守られて脱出。山奥の洞窟で巫女に匿われて成長していく。

こうなると、この兄妹が左馬之助に復讐する――という物語展開になると容易に想像できる。が、本作は全く思いもよらない方向に動いていく。

時は経ち。左馬之助は重税と労役を課す悪政を敷き、領民は困窮に喘いでいた。これを忠文たちが懲らしめる――とはならないのが本作の面白いところ。忠文も小源太も、敵にあっさりと捕まる。

ここからが、本番だ。

領内では、魔神を封じたとされる巨大な武神像が山の斜面に祀られていた。この武神像が、小笹の祈りを受けて動き出すのである。それまで埴輪のような扁平な顔だっ

たのが、怒りに満ちた恐ろしい形相に変貌。これが「大魔神」だ。

まずは動き出す前に、猛烈な嵐と地震を巻き起こして、武神像を破壊に来た左馬之助の家臣たちを一蹴。そこからさらに山を下りると、左馬之助のいる城下へ。

赤く染まった空の下、嵐とともに悠然と歩を進める大魔神。反撃の刀も鉄砲も、全く歯が立たない。恐怖に駆られ、悲鳴を上げながら逃げ惑う左馬之助の軍勢たちの気持ちが分かるほどの、圧倒的迫力の破壊ぶりであった。

巨大な魔神が暴れまくり、次々と家屋をつぶし、敵をなぎ倒していく――。崩れ落ちていく城の屋根を見降ろす大魔神の様は、まさに「神」。その特撮を駆使した映像は圧巻のスペクタクル。観る側は、ただ呆然と震えるのみである。

劇場のスクリーンでぜひ観てほしいが、なかなかその機会はないと思う。ただ、いま発売されているブルーレイの高画質で観てもかなりの臨場感は味わえるので、ぜひ。

■『沓掛時次郎　遊侠一匹』（映画　1966年）

製作：東映／監督：加藤泰／脚本：鈴木尚之、掛札昌裕／原作：長谷川伸／出演：中村錦之助（後の萬屋錦之介）、池内淳子、渥美清　ほか

《解説》長谷川作品の主人公は、たいてい江戸時代の渡世人＝流浪のヤクザ者。彼らのヤクザ社会で守らなければならない掟や人間関係＝「義理」と、結果としてそれと相反することになってしまった「人情」との相克を描き、アウトローの孤独と哀愁、そして人間の温もりを伝えてきた。

映画においても、そうしたドラマ性を巧みに映し出した長谷川原作の作品がある。今回取り上げる『沓掛時次郎　遊侠一匹』は、まさにその代表作である。座組は前作の『瞼の母』と同じ、監督＝加藤泰、主演＝中村錦之助。じっくり泣かせてくれる一本だ。

主人公の時次郎（錦之助）は凄腕の渡世人。これまで数々の喧嘩で人を斬ってきたことを悔い、争いを避けようとする。が、渡世人の宿命がそれを許さない。時には義理のため、時には人情のため、止む無く人を斬っていく。そんな男の哀愁を切なく苦

く演じる錦之助の芝居が胸を打つ。

旅の途中、時次郎は幼い息子を連れた女性・おきぬ（池内）と出会う。だが、義理で斬った渡世人はおきぬの夫だった。いまわの際に母子を託された時次郎は、二人を連れて旅に出る。

そして、時次郎とおきぬは互いを想い合うように――。

見事なまでに仕組まれた、葛藤のシチュエーションである。さすがは長谷川伸だ。心ならずとはいえ斬ってしまった男の妻を想う男と、愛する夫を斬った男に惹かれていく女。恋心という本来なら幸福感をもたらすはずの心情が、間に義理と人情が挟まることで、なんとも辛く重いものとして男女に圧し掛かる。

詩情感あふれる映像によってじっくり丁寧に心情を掘り下げる加藤泰の演出と、それに応えるように胸が締め付けられる心情を情感たっぷりに演じる錦之助と池内の名芝居。

人を愛することの重みが、じんわりと伝わってくる。

◆『文五捕物絵図』（テレビシリーズ　1967〜68年）

放送局：NHK／演出：和田勉　ほか／脚本：杉山義法、須藤出穂　倉本聰ほか／原作：松本清張／出演：杉良太郎、露口茂、東野英治郎　ほか

《解説》松本清張の捕り物時代小説に登場する目明しの「文五」というキャラクターだけを使い、後は松本の現代劇を時代劇に翻案したものとオリジナル脚本でシリーズは構成されている。まだ若手だった倉本聰は清張の原作を巧みに時代劇に翻案しながら、現代のはらむ社会問題に挑んでいった。

たとえば「冬の女」では、原作『霧の旗』の弁護士の設定を医師に置き換え、貧しさのために治療を受けることができず助かるはずの命を失ってしまうという「医療倫理と商売」の問題に切り込み、また、「機の音」では、原作『点と線』の設定そのままに役人の不正と、その捜査が奉行所上層部によって握りつぶされて事件が闇に葬られてしまうという「国家権力の闇」を描き出した。

本作は、現時点で映像が『張込み』を翻案した「武州糸くり唄」しか残っていない。そこで、倉本の脚本集を読み進めていくと、都会の陰で蠢く繁栄から取り残された

人々の情念を濃厚に描出しようとしていることに気づかされる。

たとえば「鴉（からす）」では、革命組織からドロップアウトした浪人（天知茂）とその妻（鳳八千代）のうらぶれた生活に焦点を当て、互いが互いを憎悪し合いながら暮らし続ける異様な夫婦関係が描かれる。「武州糸くり唄」では、逃げ延びた浪人と待ち焦がれた女（岩崎加根子）は都会の片隅で互いの想いをぶつけ合う。「文五の恋」では、原作『波の塔』の設定を逆転させている。原作では全てを捨てて女と暮らす決意をした検事を慮り、女は自らその姿を消す。文五（杉）もまた、愛する女・おれん（村松英子）のために全てを捨てる決意をするという展開までは変わらない。

その後の展開に倉本はもう一つドラマを差しはさんでいる。女は文五の決意を受け入れ、二人は結ばれたかに思えた。が、文五は事件の報せに、女を置いてつい駆け出していってしまうのだ。絶望したおれんは、自ら命を絶つ。越後から江戸に出て、ひたすら人から騙され続け、ようやく文五との恋に最後の希望を見出したおれんだったが、それすらも踏みにじられてしまったのだ。本作では主人公だからといって必ずしも人を救う存在ではないのである。

■『御用金』（映画　1969年）

製作：東宝／プロダクション：フジテレビ、東京映画／監督：五社英雄／脚本：田坂啓、五社英雄／出演：仲代達矢、中村錦之助（後の萬屋錦之介）、丹波哲郎、司葉子、浅丘ルリ子　ほか

《解説》フジテレビが初めて映画製作に乗り出した本作は、それにふさわしい豪華キャストが結集した。仲代達矢、中村錦之助、丹波哲郎、夏八木勲、司葉子、浅丘ルリ子……。彼らが大スペクタクルの中で躍動する。

設定からして、スケールが大きい。舞台となるのは、雪深く貧しい漁村の広がる北陸の小藩・鯖井。ここは、幕府が佐渡で掘り出した金を舟で運搬する上での難所でもあった。そして、ある時、金を積んだ御用船が難破する。家老の帯刀（丹波）は藩の財政を立て直すため、漁民を虐殺して金を奪う。そんな藩に嫌気の差した主人公・孫兵衛（仲代）は鯖井を捨て、江戸で浪人生活を送るように。だが、帯刀が再び御用船を難破させて虐殺を行おうとしていることを知り、それを阻止するべく鯖井へと向かうことに。公儀隠密の左門（錦之助）もその後を追った。そして、帯刀とその家臣・九内（夏八木）がこれを迎え撃つ。ここから、五社ならではのアイディアを凝らした、

壮絶なアクションが次々と繰り広げられていく。

中盤のゴーストタウンと化した宿場町での孫兵衛と九内一党との決闘シーンでは、孫兵衛は廃屋に籠もって数的不利を解消しようとする。対する九内は廃屋もろとも孫兵衛を焼き殺さんと、火をかける。そして、雨が降りしきる中、大乱闘が展開されていった。

クライマックスは岬の岸壁に建てられた物見櫓（ものみやぐら）で展開される。打ち寄せる荒波を眼下に、時代劇の扮装のまま断崖をよじ登る孫兵衛。雪の斜面を転がりながら、あるいは雪の降りしきる浜辺で、斬り合いが繰り広げられる。そして、燃え盛りながら夜の波間に崩れ落ちていく物見櫓……。白銀の雪景色の中での大チャンバラという、見慣れない組み合わせによる視覚効果がとにかく刺激的だった。

最後に用意されているのも、大雪原での孫兵衛と帯刀の一騎討ちだ。寒さで悴（かじか）まないよう、松明（たいまつ）で手を温めながら現れる帯刀。一方の孫兵衛は息で温める。両者の間を飛び交う烏の群れ。ここでも、五社のディテールの描写が冴え、決闘への気分を盛り上げていく。

■『心中天網島』（映画　1969年）

製作：ATG　ほか／監督：篠田正浩／脚色：富岡多恵子、武満徹、篠田正浩／原作：近松門左衛門／
出演：岩下志麻、中村吉右衛門、小松方正、藤原釜足　ほか

《解説》近松の浄瑠璃を原作にした本作の舞台は、元禄期の大坂天満。商家の旦那・紙屋治兵衛（吉右衛門）は妻子がありながら遊女・小春にのめり込んでいく――。これが、大まかな物語設定だ。

本作では、篠田正浩監督と婚姻関係にある岩下志麻が、治兵衛の妻・おさんと小春の二役を演じている。この二役について篠田は、「おさんは母性とモラル、小春がエロス、これを一緒にしたのが男性の理想像。それを二人の人間に分けた」と捉えていたという。その理想像を岩下なら完璧に表現できるだろう――という信頼がなくては選べないテーマだ。

そして、岩下はその信頼に見事に応えてのけている。

たとえば冒頭の小春。治兵衛を見つめる表情の切なさ、キラキラした瞳の可愛らしさと儚さ、治兵衛に身を委ねる時の一挙手一投足の艶（なま）めかしさ。全てがまさに「エロ

ス」を体現しており、その先に破滅しか待っていないと分かっていてもハマり込むしかない、そんな魔性を全身から放つ。

おさんもまた、しかり。

迷子になった娘の手を温める仕草、子供を寝かしつける優しい眼差し、浮気夫や小春すら心配する慈悲。母性の体温を感じられる芝居だった。監督の思い浮かべる魅惑的なイメージと、そのイメージを見事に具現化していく女優。まさに最高のコンビといえる。

それから、本作は篠田自身の独立プロ製作による低予算の作品なのだが、それを逆手にとった映像が、この破滅的な物語において功を奏している。モノクロの映像、最低限の情報のみが伝わればいい形で徹底してデフォルメされた美術セット、そして登場人物たちを浄瑠璃の人形のように操る黒子たち。娯楽時代劇とは対極にある、アーティスティックで文学的な香りのする設計になっており、そのシュールさが物語の悲劇性とうまく合致していた。

■『赤毛』（映画　1969年）

製作：東宝／監督：岡本喜八／脚本：岡本喜八、広沢栄／出演：三船敏郎、寺田農、岩下志麻、花沢徳衛　ほか

《解説》時代は鳥羽伏見の戦い直後。江戸へ進む官軍は東山道の各宿場の鎮撫（ちんぶ）のため、相楽総三（田村高廣）を隊長とする赤報隊を先駆けとして派遣する。「官軍の世になれば年貢半減、借金棒引き」と謳う赤報隊は各地で歓迎された。三船敏郎扮する隊士・権三は自らの故郷である沢渡宿の鎮撫を相楽に申し出て、単身で乗り込む。

粗野で無学だが明るくお人好しな権三のキャラクターは三船の陽性の魅力にピッタリで、前半はその縦横無尽の活躍で楽しませてくれる。権三はスリの三次（寺田）や幼馴染の青年たちと共に、十手を笠に宿場の住人を酷使する駒虎（花沢）から女郎たちを解放したり、厳しい年貢取り立てをする代官（伊藤雄之助）から年貢米を奪い返したり、と義賊の如き働きを見せる。岡本喜八監督ならではのお祭り騒ぎのような躍動感あふれる映像と芸達者な役者たちのユーモラスなやりとりが楽しく、賑やかな雰囲気の中で前半の物語は進む。

それが終盤に、一変する。

用済みとなった相楽ら赤報隊は、年貢半減などの約束を反故にしたい参謀たちにより「偽官軍」の汚名を着せられて既に粛清されていた。最後の生き残りとなった権三にも、追手の軍勢が向けられる。

「これは何かの間違いだ！」状況を理解できない権三は、呆然と叫ぶしかない。その哀れな様を観ていると、ここまで観客を楽しませてきた三船の豪快な笑顔や挙動がかえって「時代に翻弄された道化」ぶりを際立たせることになり、切なく刺さってきた。

物語のラスト、迫りくる官軍に対し、権三は怒りの刃を抜く。いつもの時代劇と同様、凄まじい怒気を放つ表情で圧してくる三船。だが、そこにいるのは無敵のヒーロー＝三船ではなかった。無数の銃弾の前に一太刀も浴びせることなく、空しく倒れていくのだ。

時代劇空間にいる三船からはいつも、絶対的な強さが漂う。だからこそ、そんな男すらいとも簡単に押しつぶしていく組織や時代の理不尽さが、より強大に浮かび上がる。三船のイメージを逆手にとったからこそ醸し出せる苦味だ。

◆『日本怪談劇場「怪談・牡丹灯籠〜蛍火の巻〜」』（テレビシリーズ　1970年）

放送局：東京12チャンネル（現・テレビ東京）／プロダクション：歌舞伎座テレビ室／監督：中川信夫／脚本：宮川一郎／原作：初代三遊亭圓朝／出演：戸浦六宏、阿部寿美子、名古屋章、穂積隆信、長谷川待子　ほか

《解説》好いた男がいながら非業の死を遂げた女が幽霊になって、下駄の音を鳴らしながら毎晩男の許へ訪ねてくる。そんな有名な怪談『牡丹灯籠』の後日談として脚本の宮川一郎がオリジナルで書いた物語だ。とにかく出てくる人間たちが全て欲にまみれた悪党ばかりで、金を巡って壮絶な殺し合いを繰り広げる。主人公は、金目当てで女の霊からの頼みを受けて、男の部屋に貼られた悪霊退散の札を剝がした隣人・伴蔵（戸浦）だ。

舞台は水郷の町、潮来。前作『鬼火の巻』で幽霊と取引して百両の金をせしめた伴蔵はその金を元手に商いを始め、成功していた。だが、情婦・お国（長谷川）に入れあげるあまり妻・おみね（阿部）の嫉妬を買い、「これまでの悪事をバラされたくなかったら金を出せ」と脅される。窮した伴蔵はこれを殺害する。と、今度は店の女

（三戸部スエ）におみねが突然取り憑き、「伴蔵に殺された」とうわ言を言い始める。何かあると察した番頭（穂積）や医師の志丈（名古屋）もまた、伴蔵を脅し、金をせびるようになる。

といって、伴蔵が脅されっ放しで終わるケチな小悪党かというと、そうではない。「間男をした」と脅しにきたお国の夫（大塚国夫）に対しては「わっちなんて首が三つあっても足りねえ男だ！」「悪ぃことはオメエより上だ！」「そっ首飛んでも一文もやらねえ！」と威勢よく開き直って、これを退散させている。自らの悪徳に対して一切悪びれることなく、私欲のためならどんな手でも使う伴蔵を、戸浦がこれでもかというほどに気持ちよさそうに演じている。そのため、見ているこちらはつい憧れに似た感情移入をしてしまい、作品全体にピカレスク的なロマンすら漂うことになった。

最終的に伴蔵は番頭も志丈もお国夫婦も全て殺害する。そして、邪魔者は全ていなくなったと高笑いをしている時に沼地に引きずり込まれていく。

だからといって、本作からは霊的な恐ろしさはほとんど感じられない。むしろ、欲にかられて次から次へと伴蔵に近づいてくる人間たちの方がよほど恐ろしい。

怪談というよりは、生々しい人間ドラマとして楽しめる作品である。

■『いのち ぼうにふろう』（映画 1971年）

製作：東宝／プロダクション：俳優座映画放送／監督：小林正樹／脚本：隆巴／原作：山本周五郎／出演：仲代達矢、栗原小巻、山本圭、酒井和歌子 ほか

《解説》舞台は深川。水路が張り巡らされた一帯には「島」と呼ばれる奉行所も手出しできない中州があり、そこに建てられた居酒屋「安楽亭」は密貿易の中継地点として悪党たちが日夜たむろしていた。その悪党たちを演じる役者陣が、仲代を筆頭に、中村翫右衛門（かんえもん）、佐藤慶、岸田森（しん）、草野大悟、近藤洋介、山谷初男（やまやはつお）。また、彼らを取り締まる側も中谷一郎、神山繁（こうやま）、滝田裕介……と、いずれもクセ者が揃っている。中でも、ヒゲ面で野太い声のままで女性っぽい仕草や話し方を時おり見せる草野と、いつになくお人好しの好漢を爽やかに演じた佐藤の二人は従来のイメージとは異なる役柄を演じ、その演技の幅広さを感じさせた。

だが、彼らをも霞ませる演技を見せたのが、山本圭だった。本作が面白いのは、エゴイスティックに生きているように見えたアウトローたちが終盤、「生き仏」が助けた青年（山本）のために命を捨てて戦いに臨んでいくところにある。そして、終始ウ

ジウジと煮え切らない様を見せることで、彼らの活躍をよりヒロイックに際立たせたのが、山本だった。

　身売りされた彼の恋人を救う金を作るために安楽亭の面々は命を捨てていくことになるのだが、ようやく金を得ることができた青年はそのまま「島」を出ずに、わざわざそれを報告しに、捕り方に囲まれる安楽亭へ戻ってきてしまうのだ。その行動は自らの身に危険が及ぶだけでなく、これまでの面々の命賭けの働きを犬死にさせるのと同時に、安楽亭に残った面々を再び死地に赴かせることになる。が、そんな自らの採った選択がそんな重大事とも気付かずに見せる山本の爽やかな笑顔は、観る側を唖然とさせた。

　が、このトンチキさが、さらなる見せ場を作ることになる。面々は青年を逃がすため、彼を連れて敵中突破の突撃に出るのだ。この時も、仲代、岸田、草野が猛烈な死闘を繰り広げる一方で山本はひたすらオロオロしている。しかも、面々が危機に陥ったり命を落としたりする度に立ち止まって絶叫するものだから、捕り方に追いつかれて危機が広がってしまう。だが、そのヘタレ具合抜群の演技が「早く逃げろ！」という観客の苛立ちを増大させ、立ち回りのサスペンスを盛り上げることになった。

■『沈黙 SILENCE』（映画 1971年）

製作：東宝／プロダクション：表現社 ほか／監督：篠田正浩／脚本：遠藤周作、篠田正浩／原作：遠藤周作／出演：デイヴィド・ランプソン、マコ・岩松、加藤嘉、丹波哲郎 ほか

《解説》舞台は激しいキリシタン弾圧が行われている江戸初期の長崎。誰よりも敬虔な信徒だった師・フェレイラが同地で棄教したことを知ったロドリゴ神父（デイヴィド・ランプソン）は、事実を確かめるべく危険を冒して同僚と共に長崎へと渡る。そこでは、村々の信徒たちが隠れて神に祈りを捧げていた。だが、奉行所の探索と拷問は厳しく、残酷な手段で処刑されていく。そしてロドリゴも、元信徒のキチジロー（マコ・岩松）に売られ、捕縛されてしまう。

長崎奉行の井上は信徒たちに残虐な拷問する様を次々とロドリゴに見せつけつつ、巧みな弁舌で棄教を迫る。その追い込まれる姿が凄まじい迫力だった。というのも井上を演じるのが、岡田英次なのだ。そのため徹底して冷酷に映り、しかも放たれる知性もサディスト性も、尋常ではなくなっている。観る側としては、「この男には絶対に敵わない。棄教以外にロドリゴの逃げ場はない」と、容赦ない絶望感を掻き立てら

れるしかなくなる。

その絶望感が頂点に達するのが、フェレイラ神父が登場してからである。スコセッシ版ではこの役をリーアム・ニーソンが演じていた。リーアムのフェレイラには、どこかインテリならではの繊細な雰囲気が漂っていて、そのことが棄教してしまった者の弱さに説得力を与えていた。

本作ではフェレイラを豪傑のイメージのある丹波哲郎が演じる。

それを篠田は、巧みに逆利用していた。一見豪気に見える丹波が、憔悴して苦悩に満ちた表情で「私は役に立っている。この国の人たちの役に立っている――」と自分に言い聞かせるように呟き、棄教を促す――。その姿の背後には、これだけの男を意のままに操るまでにした井上の恐ろしさが見え隠れし、ロドリゴの置かれた状況の苛酷さがさらに際立つことになった。

そして、ラストの絶望感も強烈だ。スコセッシ版には、まだどこかに救いのようなものが微かにだけあった。が、本作にはそれすらない。信仰に生きた人々が、それを棄てたことによって訪れる堕ちた姿を突き付けてくる。篠田監督のニヒリストとしての一面が強く表れた終わり方になっていた。

◆『天下御免』（テレビシリーズ　1971〜72年）

放送局：NHK／演出：岡崎栄　ほか／脚本：早坂暁　ほか／出演：山口崇、林隆三、津坂匡章（現・秋野太作）、中野良子、坂本九　ほか

《解説》現代社会に対してのストレートな形での批評・風刺を、時代劇という器に盛り込もうとした作品だ。それは公害問題であり、ゴミ問題であり、差別問題であり、防衛問題であり、つまり現代日本の社会問題なら全てがテーマとなった。

そうしたテーマが、理想と自由を求め、人間らしく生きようとする若者・平賀源内（山口）を通して描かれる。この作品の当初のテーマは「自由」であり、それへ向けての理想と活力であった。源内は大きな希望を熱く持っているが、狭い讃岐ではそれを活かす場はなく、いつも奇人扱いだ。そんな時に時代遅れの剣豪・右京ノ介（林）と出会い、意気投合する。二人とも、有り余る才能を持ちながら、片や「早くに生まれ過ぎ」、片や「遅くに生まれ過ぎ」たため、世に受け入れてもらえない。二人は、隅田川の橋の下のペントハウス、通称「自由軒」で暮らすことになる。そこは、だれでも出入り自由、好き勝手に利用できる、まさに「自由」な、本作のテーマを具現化

したスペースである。

自由軒に、刀を盗むことに命を懸ける怪盗・稲葉小僧（津坂）を筆頭とする関東泥棒連合（通称・カンドロレン）、杉田玄白（坂本）たち蘭学者、それにヒッピー風のフォークソンググループが集う。いずれも、源内・右京ノ介と同じように、才能を持て余している。そんな彼らが、自らの特殊能力を活かしながら、社会の矛盾に立ち向かっていくのが、各エピソードの縦糸になっている。

だが物語はいつも、彼らの目指す明るい「自由」とは離れた結末を迎えた。長崎で源内が出会うキリシタンや混血児たちは激しい迫害の末、この国で生きることに絶望して、わずかな希望だけを頼りに海を渡る。そこには悲壮な雰囲気だけが漂い、源内はただそれを傍観するしかない。工業廃水を川に垂れ流す工場を糾弾（きゅうだん）したときは、被害者であるはずの地元住人から、逆に強烈な抵抗に遭う。そうした中で、右京ノ介はシラけ、源内は挫折し、稲葉小僧は「カンドロレン」を暴力・武装を唱える若者たちに乗っ取られる。自由軒は幕府によって取り壊される。

六〇年代末から七〇年代の若者の心象をそのままに映した、現代的な時代劇と言える。

◆『赤ひげ』（テレビシリーズ　1972〜73年）

放送局：NHK／演出：深町幸男　ほか／脚本：倉本聰　ほか／原作：山本周五郎／出演：小林桂樹、あおい輝彦、浜木綿子　ほか

《解説》このNHK版の『赤ひげ』は、黒澤明とはまた異なる解釈の作品になっている。脚本は倉本聰。小石川の養生所に赴任してきた若きエリート医師・保本と、通称「赤ひげ」という所長の関係性を軸に描かれるのは変わらない。が、黒澤版では「赤ひげ」が神のような立ち位置にいて、絶対的な正しさで保本を導いていたのに対し、本作の保本は「赤ひげ」と異なる価値観をぶつけ、「赤ひげ」もまたそれによって考えを改めるという、「どちらもまだ不完全な人間」という、言わば対等な立場で師弟を捉えている。

それが如実に表れているのが、DVD化されている唯一の作品でもある第十九話「ひとり」だった。

養生所の医師たちは大火に伴う激務で疲れ果てていた。そんなある夜、急患の子供を抱えた父親がやってくる。今夜だけは休みたい。そう思った保本（あおい輝彦）は

これを追い返してしまう。他の医師も起きてこなかった。そして翌朝、子供は死んだ。叱責する「赤ひげ」（小林桂樹）に対し、保本は反論する。「医者が疲れ果てて患者を診て、いいことがあるとは思えません」と。

「医者だって生身の人間だ」と言う保本に対して、「赤ひげ」はこう返す。「患者にとって医者は人ではない。言わば神様だ」「医者は自分のことは考えてはいけない。医者はまず医者なんだ。人間である前に、だ」

どちらの考えが正しかったのか。本作は「これが正解だ」という描き方はしていない。悩み苦しみ彷徨（ほうこう）する保本は、その果てに「どんなに疲れても、どんなに眠くても、ために寝たくても、倒れても……医者は人間である前に医者なんだから……神なんだから……分からない！」と叫ぶ。一方の「赤ひげ」は夜遅くに帰ってきた保本に対して「明日は六つまで寝ていろ」と歩み寄りの姿勢を見せる。

医師という生命を扱う仕事の直面する現実。真面目に患者と向き合う限り誰もが皆、その壁にぶつかり苦しむ。そこにおいては、師弟の上下など関係ない。医師として、人間として、共に葛藤を抱える対等な存在。この倉本の解釈が、見事だった。

■『股旅』（映画　1973年）

製作：ATG／プロダクション：映像京都／監督：市川崑／脚本：谷川俊太郎、市川崑／出演：萩原健一、小倉一郎、尾藤イサオ　ほか

《解説》従来、「股旅もの」時代劇の主人公である渡世人は、二枚目の時代劇スターたちが凛々しく演じてきた。が、本作はそうではない。市川崑は主人公となる若い三人の渡世人役に対し、萩原健一、小倉一郎、尾藤イサオという、時代劇に不慣れな、しかも弱々しい「現代的な若者」のイメージの強い面々を配しているのだ。

この配役が示す通り、市川崑の狙いは従来の渡世人像を壊すことにあった。情に厚く、喧嘩に強く、女に優しく、一つ一つの仕草が粋でカッコいい……。そんな渡世人たちは本作には登場しない。

決して喧嘩には強くないし、遊び方も女への接し方も様になっていない。何より服装が酷い。雨風を受けてボロボロになった継ぎ接ぎだらけの道中合羽、破れた三度笠……。いずれも、渡世人映画の主人公たちの颯爽とした姿からは程遠い。喧嘩になればば悲鳴をあげ、金がなくなれば農民の開いた素人賭場を襲って金を奪う。薄汚い身な

りで這いつくばり、農民たちの落とした銭を広い集める姿は、あまりに惨めだ。

三人が現代性を背負った役者であるのも手伝い、筆者が置かれている情けない現状と画面の中が地続きに繋がっているように思え、時代劇では滅多に感じることのない親近感を覚えた。

三人の中で義理と人情を最も重んじる武骨な男・源太を、三人で最も優柔不断に見える小倉一郎に演じさせていることが、本作への親近感をさらに強めている。特に印象的なのは「渡世の義理」を守るために、同じく渡世人に身を落とした父親を殺すシーンだ。

源太は最初、嫌々ながら殺そうとしているように見えながら、斬り合いが進むうちに激高し、「オッカァを苦しめた罰だ、このナマケ者!」と容赦なく刃を突き刺していく。これを気弱そうな小倉が演じることで、その剝き出しの感情をまるで自分自身も共有しているような感覚に陥り、やるせなく迫ってくるのだ。

「配役の段階で全ては決まっている」。生前に市川崑はそう語っていたというが、その美学を堪能できる作品だ。

■『竜馬暗殺』（映画　1974年）

製作：ATG／監督：黒木和雄／脚本：清水邦夫、田辺泰志／出演：原田芳雄、石橋蓮司、松田優作、桃井かおり　ほか

《解説》舞台は幕末。土佐藩浪士・坂本竜馬（原田芳雄）の最期の三日間の様子がドキュメントタッチで綴られていく。

注目したいのは、同じく土佐藩浪士で竜馬の幼馴染でもある中岡慎太郎に扮する石橋蓮司だ。本作の竜馬は幕府だけでなく、新政府の邪魔者として倒幕勢力からも命を狙われている。中岡も周囲の圧力から、表向きでは「竜馬を斬る」と言いながら、できない。

一見すると、それは「それだけの熱い友情がある」ととれるが、よく観てみると、どうもそれだけではなく思えてくる。竜馬のことを話す際のなんとも嬉しそうな表情を見ればよく分かる。完全に恋をしているのだ。そういう視点で見ると不思議なことに、あの強面の石橋蓮司が可愛くてたまらなくなってくる。

物語中盤に決定的ともいえる場面が訪れる。

中岡は竜馬と逃げることになるのだが、途中で二人は木陰で昼寝をすることになる。ここでの石橋の表情が特に可愛い。それまでの殺気立った凛々しさから一変、原田に寄り添いながら実に安らかな寝顔をしているのだ。その表情には、想い人とようやく添い遂げられた「恋する乙女」の如き多幸感が溢れていた。

自由奔放な竜馬と、彼に振り回されながらも絶えず想い続ける真面目な中岡――というラブストーリー的な構図の作品といえる。

二人の最期の夜の場面は特にそれが如実だ。竜馬は中岡に「女と長崎へ行く」と告げる。それに対し、中岡は竜馬に馬乗りになって怒り、そしてこう叫ぶ。

「なんで俺を連れていかん！」

この時の石橋の涙混じりに震える声と鬼気迫る眼差し、それを受けての原田のクールな一方でまんざらでもなさそうな横顔が、愛の物語としての帰結を感じさせてくれて、思わずニンマリしてしまう。

そしてだからこそ、その直後に訪れる二人の悲劇がより切なく刺さることになった。

■『沖田総司』（映画　1974年）

製作：東宝／プロダクション：東宝映画／監督：出目昌伸／脚本：大野靖子／出演：草刈正雄、高橋幸治、米倉斉加年、真野響子　ほか

《解説》終わりゆく時代に展開される儚い青春。それは新選組ものの大きな魅力である。こうした要素を一手に担ってきた隊士が沖田総司だった。剣に関しては天賦の才を持ちながら、突然の不治の病に侵されて、短い人生を宿命づけられてしまう美青年。彼の存在こそが、新選組を悲劇的なものとして彩っていると言っても過言ではない。

本作では、そんな沖田の短い青春が瑞々（みずみず）しく綴られている。草刈正雄の演じる沖田は、長髪を靡（なび）かせながら野山を駆け巡る、爽やかで躍動的な浅黒い肌の野性児。今日の食事にも困り果てるほどの貧しさに苦しみながらも、土方歳三（高橋）や近藤勇（米倉）との毎日を心から楽しんでおり、仕官の話が来ても「好きなんですよ、ここが」「追い出そうとしても、そう出ていくものではありません」と断ってしまう。

そんな沖田をはじめとする新選組隊士たちを出目監督は決して畏まることなく、現代的な若者として描いている。誰もがボサボサの頭に不精（ぶしょう）ひげを伸ばし、泥や埃に

まみれた継ぎ接ぎだらけの薄汚い服をだらしなく着る。まさに、製作当時に流行していたヒッピーそのものだ。そのため、街を歩けば「徳川三百年も薄気味悪い奴らを生み出しやがった」と白い目で見られる。

京に上るのも、大それた志はない。その日の食い扶持を求めるためだけだ。新選組を結成するに当たっても、屯所の門前で「ワッショイ、ワッショイ！」と掛け声し合いながら、みんなで「誠」の旗を投げ合ったりしている。

結成後も一貫して「青春映画」として彼らの姿を追う。印象的なのは、近藤・土方・沖田が芹沢鴨（小松方正）の暗殺を企むシーンだ。通常、こうした謀議は薄暗い密室で行われる。が、彼らはそうではない。青空の下、川原で寝転がってせせらぎを聞きながら、暗殺に向けての話を進めていく。そして、沖田は嬉しそうに空を仰いで、つぶやく。

「懐かしいなあ。多摩の河原で喧嘩の相談してるみたいだ」

仲間と笑い合い、恋をし、そして戦う。沖田の周りではいつも《生》がきらめき続ける。だからこそ、陰でヒタヒタと近づいてくる《死》が、観る側に切なく突き刺さってくる。「嗚呼、この輝きはもうすぐ失われてしまうのか」と。

◆『編笠十兵衛』（テレビシリーズ　1974～75年）

放送局：フジテレビ／プロダクション：東映京都テレビ・プロダクション／監督：松尾正武　ほか／脚本：飛鳥ひろし（鳥居元宏）　ほか／原作：池波正太郎／出演：高橋英樹、露口茂、成田三樹夫、中村竹弥　ほか

《解説》主人公の剣客・月森十兵衛は政道の歪みを正すべく幕府の隠密をしている。その過程で赤穂浪士たちと知り合い、吉良邸への討ち入りを成功させるべく陰から力を貸す。そんな十兵衛を、高橋英樹が隙のない正義漢として演じている。

そして、高橋＝十兵衛の前に二人の男が立ちはだかる。一人は露口茂が扮する吉良方の軍師・小林平八。熱い感情をたぎらせる高橋に対し、露口は寡黙で怜悧な男として演じる。対極的な両雄の虚々実々の頭脳戦が毎回をサスペンスフルに盛り上げる。

終盤、赤穂浪士の討ち入りが近づくにつれ、小林の存在感は際立っていく。特に、敵の襲来を察知したものの献策を吉良（伊藤雄之助）に取り上げられず、敗戦を覚悟で来るべき終局に向かう小林を演じる露口の静かで細やかな演技が素晴らしい。中でも討ち入りの場面は圧巻だった。小林は吉良の退路を確保するべく、地下の抜け道で

たった一人、浪士たちの前に立ちはだかる。この時の暗闇に浮かび上がる露口の立ち姿のシルエットの美しさ、そして激闘の末の壮烈な最期には心震える。

本作に登場するもう一人の強敵が、成田三樹夫の演じる剣客・舟津弥九郎だ。舟津は吉良に雇われる用心棒だったが、十兵衛に敗れ続けるうちに、十兵衛打倒の執念に取り憑かれていく。そして、吉良の下を離れて単独で十兵衛を狙うように。スタート当初は冷淡な剣士として舟津を演じていた成田は、段々と激しいギラつきを見せるようになる。特に見事だったのは中盤。十兵衛を襲撃した舟津は返り討ちに遭い、片腕を斬り落とされる。雨に打たれながら地面を這いつくばり、十兵衛への呪詛の言葉を吐きながら夜の闇に消えていく成田の姿には、狂気がほとばしっていた。

そして最終回。十兵衛は討ち入りを成功させて戦う気を失っている。が、十兵衛打倒のために片腕での剣法を身につけた舟津は何としても十兵衛と決着をつけたい。そのために、十兵衛の妻をはじめ、彼の愛する人々を次々と手にかけていく。ラストの決闘シーンは巨大な朝陽を背景にスモークの焚かれる、西部劇のような劇的空間で行われる。静寂の中、成田の邪剣を一刀の下に斬り伏せる、高橋英樹による怒りに満ちた正義の刃。絶対的な善と悪の芝居が真っ向から仕合う、壮絶な決闘であった。

◆『斬り抜ける』（テレビシリーズ　1974〜75年）

放送局：朝日放送／プロダクション：松竹／監督：太田昭和　ほか／脚本：佐々木守　ほか／出演：近藤正臣、和泉雅子、火野正平、佐藤慶、岸田森　ほか

《解説》作州松平藩士・楢井俊平（近藤）は藩主の命により友を斬った。だが、斬った後で知る。藩主が友の妻・菊（和泉）に横恋慕して我がものにしようとしていたのだ、と。怒った俊平は菊とその一子・太一郎を連れて江戸へ向かう。藩主の横暴を訴えるためだ。それに対し、藩主は俊平と菊が不義密通を働いて友を殺したという汚名を着せ、友の父・嘉兵衛（佐藤）と異母弟・伝八郎（岸田）に追討を命じた。

そして、逃げる俊平たちには、諸国に散らばる「松平」藩で構成された罪人追跡の巨大なシンジケート、通称「松平はずし」が立ちはだかる。どこかの松平藩から廻状が出ると全国に二十八あるという「松平」姓の藩に一気に伝わり、罪人たちは諸国の「松平」領に足を踏み入れたら最後、猛烈な追跡を受けた挙句に惨殺されることになるのだ。前にも後ろにも「血に飢えた刃」の待ち受ける中を俊平たちは行かねばならない。

本作は、テレビ時代劇では珍しいメロドラマだ。幼馴染だった俊平と菊の間には元から恋情があった。そんな二人が長い道中を、しかも命に危険を抱きながら旅を続けるのだから、想いは強くなる一方である。が、ここで本当の「不義者」になってはならないと、二人は清い関係を守ろうとする。そんな二人の苦悩と葛藤が全編を貫いており、毎回のドラマを切なく盛り上げることになる。

もう一つの注目は追手側だ。実は嘉兵衛と伝八郎は同床異夢の関係にある。嘉兵衛は息子の仇を討つと同時に、なんとかして太一郎を取り戻して家名を残したいという想いのみで俊平を追いかける。だが、伝八郎は違う。「妾腹（めかけばら）」として嘉兵衛から蔑まれながら生きてきた彼は、ここで手柄をあげて嘉兵衛に認められようとするだけでなく、あわよくば太一郎を殺して家督を相続しようという野心に燃えている。

融通の利かないストイックな老剣客としての迫力を静かに放つ佐藤慶と、全身から歪んだコンプレックスを漂わせる岸田森。両名優が強烈な個性を見せつけて追いかけてくるものだから、俊平たちの旅路はサスペンスあふれるものになった。

◆『必殺必中仕事屋稼業』（テレビシリーズ　1975年）

放送局：朝日放送／プロダクション：松竹／監督：三隅研次　ほか／脚本：野上龍雄　ほか／出演：緒形拳、林隆三、草笛光子、岡本信人、中尾ミエ　ほか

《解説》『必殺』はシリーズを経るにつれて、「殺し屋側のドラマ」が徹底されていくことになる。被害者たちに向いていた視線を主人公へと移し、その生き様・死に様が描かれるようになったのだ。その代表的な作品がシリーズ第五作となる『仕事屋稼業』である。核になったのは、主人公たちの殺し屋としての成長だ。主人公・半兵衛（緒形）と政吉（林）は二人とも博打打ちの遊び人。そんな彼らがひょんなことから殺しの道に入り込むことになるのが第一話だ。そして二人は、元締・おせい（草笛）に命じられ、博打で培った度胸と知恵を使って次々と敵を倒していく。彼らには殺し屋としての腕はないだけに、毎回の殺しはどこか不安があり、それだけにスリリングだった。

そして本作も、シリーズの他の作品と同様、最終回が悲劇的な展開になっている。仕事屋の存在が火盗改め（大木実）に知られることになってしまい、政吉は拷問を

受けるが口を割らず、おせいの前で自害してしまう。半兵衛とおせいは復讐のため同心たちを殺す。

おせいは、実は政吉が自分の息子だったことを打ち明け、自らも後を追って死のうとする。そんなおせいに対し、半兵衛は凄まじい剣幕で、こう言って聞かせるのだ。

「俺たちは無様に生き残ったんだ。人間は生きるために大義名分を欲しがる。そんなモンはどうでもいいんだ。明日のない俺たちは無様に生き残るしかないいんですよ！」

半兵衛は全てを捨て、殺し屋として生きていくことを決める。自らの顔の描かれた人相書を破り捨てるラストシーンの表情は、序盤の甘さの全く消えた、隙の一切見えない、殺し屋としての凄味に満ちたものになっていた。

生きることは無様なことであり、そこでは大義名分もいらない、明日もない。ただ毎日を無為に過ごすだけなのかもしれないが、それが生きることなのであり、だからこそ生きることができる。そして何より生きていたい。人間は切ない日常を生きていかなければならないミットモナイ生き物である。その絶望の淵でニヤリと笑って舌を出す男、それが『必殺』の殺し屋だ。そして、それこそが勧善懲悪の時代劇と一線を画す『必殺』のドラマツルギー――そう確信することのできる、名台詞である。

◆『必殺仕置屋稼業』（テレビシリーズ　1975〜76年）

放送局：朝日放送／プロダクション：松竹／監督：工藤栄一　ほか／脚本：安倍徹郎　ほか／出演：藤田まこと、沖雅也、新克利、渡辺篤史、中村玉緒　ほか

《解説》シリーズ六作目にあたる本作では、「殺し屋のドラマ」としての緊迫感と迫力が徹底されることになった。その結果、「殺すことの困難さ」を描くことに主眼が置かれている。

まず、中村主水の設定が変わっている。これまで主水のいた北町奉行所は自分も周囲もやる気のない職場であったため、昼行灯を決め込みながら、裏での「仕置き」に精を出すことができた。が、本作では主水は南町へと転勤することになる。ここでの南町の設定は、打って変わって仕事人間の集まりということになっている。そうした中では主水も仕事に精を出さざるをえず、裏稼業に時間を割きにくくなってしまう。下っ引きが絶えず付いているため、殺し仲間に会うのもままならない。また、裏稼業への取り締まりも厳しくなっていた。そのため、殺し屋たちは思うように動くことができない。こうして、行動に制限を設けることで毎回のサスペンス性が高まっていっ

た。

また敵も簡単には倒しにくい相手として設定されている。影武者を用意している闇の元締（津川雅彦）、刀を通さない甲冑（かっちゅう）に身を包んだ旗本（大木実）、四六時中、子分を周りに配置している地回り（多々良純）、狂気に憑かれた主水の剣の師（佐藤慶）といった一筋縄ではいかない者ばかりだ。こうした強敵ともいえるターゲットをいかに限られた条件の中で倒すのか、その緊迫感こそが本作の大きな魅力になっている。

そのため、主水は市松（沖）、印玄（新）といった仲間たちとのチームワークの中で標的に向かうことになる。それだけに、彼らが逆に敵や奉行所に追いつめられる最終回は異様なテンションになっている。そして最も困難な敵、奉行所を相手に主水は一つの選択を強いられる。敵の罠にハマった市松が奉行所に捕らえられた。主水はその護送を命じられる。市松を助けるのか、それとも刑場へ送るのか。それは、表の主水を選ぶのか、裏の主水を選ぶのかの選択でもある。そして主水は裏を選んだ。ワザと隙を作り市松を逃がしたのだ。

最後まで息を抜くことのできないシリーズであった。

◆『必殺仕業人』（テレビシリーズ　1976年）

放送局：朝日放送／プロダクション：松竹／監督：工藤栄一　ほか／脚本：安倍徹郎　ほか／出演：中村敦夫、藤田まこと、大出俊、渡辺篤史、中尾ミエ　ほか

《解説》本作での中村主水は牢屋見回りという同心の最下層へ格下げされている。死体の検死が主な仕事で、同僚は抜け殻のような老同心だけ。自分もいずれこうなるのかと、やるせなくて仕方がない。市中に見回りもできないから賄賂もなく金がない。家では姑・嫁が傘張りをしていて射るような視線を投げかけてくる。そのため、裏稼業に精を出すしかない。寒い冬、ボタ雪の舞う路地裏、どこまでも乾いた空気の中、虚しくうどんをすすると舞い上がる白い息――主水のうら寂れた心象として画面に映し出される。

主水の相棒となるのは潔癖症で金に汚い利己主義の関西人・やいとや又右衛門（大出）と、同僚を殺して逃亡している川原暮らしの大道芸人・剣ノ介（中村）の二人だけ。三人の間には『仕置人』のような信頼関係はない。ただ金のために集まっているだけだ。彼らは、生活のために殺しの世界へと足を踏み入れているのである。

そんな相棒たちでも、一人ではなく三人で仕事をしようとするところに、裏稼業に対する主水の決意が見られる。第一話のラスト、剣ノ介は役人に追われているから信用できない、共に仕事はできないと言う又右衛門に主水は言い放つ。

「オレだってオメエのことなんざハナから信じちゃいねえよ。オメエだけじゃねえ。オレは誰も信じちゃいねえ。オレたちはオメエ、人様の命頂戴して金稼いでいる悪党だ。だから欲しいんじゃねえか、地獄の道連れがよ。その道連れを裏切ってみろ。地獄へだって行けやしねえよ」

それは、裏稼業の道から抜けられなくなってしまった、そこで生きていくしかないという悲愴な決意である。『仕置人』の時に笑い飛ばしながら殺しに向かっていった余裕はそこにはない。あるのは、もうこの道で生きるしかなくなってしまった男の諦めであり、それは殺し屋としての純度の高い覚悟だ。どこまでも乾ききっている。

ギリギリまで追いつめられ、切羽詰まった男たちの、破れかぶれとも言える開き直りに心震える作品だ。

■『ひとごろし』（映画 1976年）

製作：松竹／プロダクション：大映映画 ほか／監督：大洲斉／脚本：中村努／原作：山本周五郎／出演：松田優作、高橋洋子、五十嵐淳子、丹波哲郎 ほか

《解説》松田優作といえば、その身体能力を活かしたアクションのカッコ良さに定評がある。が、本作ではそうではない。彼の演じる若侍・六兵衛は剣も腕っ節もからっきしダメな臆病者。これまでのイメージを捨てて、大柄な体軀（たいく）を小さく屈めてオドオドし続ける松田優作の姿は、自分自身を見ているようで身につまされた。

そんな男が、突如として「上意討ち」の討手（うって）を買って出る。相手は心ならずも藩主側近を斬って脱藩した武芸者・昂軒（丹波）。藩随一の剣と槍の使い手でもある昂軒を恐れ、藩内では誰も討手になりたがらなかった。が、六兵衛は自分の評判の悪さのために結婚できないでいる妹（五十嵐）のために一念発起したのだ。

剣の腕前は一目瞭然。勝ち目のない戦いに臨む上で六兵衛のとった作戦がユニークだった。「ひとごろし！」道中を行く昂軒に物陰から、そう叫ぶのである。「その男は人殺しだ！　いつまた人を殺すか分からんぞ！　危ないぞ！　離れろ、離れろ！」昂

軒の立ち寄る先の茶屋で、宿屋で、六兵衛はそう叫ぶ。人々は恐れるあまり昂軒から逃げ、遠ざけることに。そのため、昂軒は食事にもありつけず、宿にも泊まれず、疲弊する。丹波から放たれる殺気の凄味が、六兵衛のたった一言で周囲を恐怖に陥れる様に説得力を与えた。

「尋常に勝負しろ！」昂軒に迫られても、六兵衛はどこ吹く風。昂軒から逃げては「ひとごろし！」と叫び、ひたすら心身共に追い込んでいく。

この手があったか！　膝を打った。か弱い臆病者でも――いや、だからこそ、強大な敵に勝つことができる。臆病者は「恐ろしさ」を知っている。そして、「強い者を恐ろしい」と思う人々の心を理解できる。弱さを逆手にとった戦い――それは、恐れを知る者でなければできないことだ。

力を持たないこと、臆病であること。それは決して「弱さ」ではない。それを受け入れることで、使いようによっては「強さ」に転じられる。勇気を与えてくれる映画である。

◆『新・必殺仕置人』（テレビシリーズ　１９７７年）

放送局：朝日放送／プロダクション：松竹／監督：工藤栄一　ほか／脚本：早坂暁、野上龍雄　ほか／出演：藤田まこと、山﨑努、中村嘉葎雄、火野正平、中尾ミエ　ほか

《解説》本作では、『仕置人』で主水と名コンビを組んできた念仏の鉄（山﨑）との再会と別れが描かれる。だが、『仕置人』のラストであれだけ別れを惜しんだにもかかわらず、再会に際して主水はあまり嬉しそうな顔をしていない。それは、これまで数多くの仲間の無残な死を目の当たりにしてきたために、鉄の死までも見たくなかったからだ。

それでも、行きがかりで主水は再び鉄と組むことになる。が、今度の両者は決して信頼し合ってはいない。主水は裏切り者と勘違いされてリンチを受けることもあった。その馴れ合わない大人の距離感が、シリーズを通しての魅力になっている。

その最終回、鉄は壮絶な死を迎えることになるのだが、ここでは主水もまた、殺し屋としての凄味を見せている。通常、主水の殺しは、相手にその裏の顔を見せずに決行する。同心として近づいて、油断したところを電光石火で斬り伏せるのだ。が、今

回は違っていた。最後の敵である与力・諸岡（清水紘治）の前で主水はその正体を晒す。

「中村……まさか、貴様……？」。驚く諸岡に、主水は不敵に笑う。「そう、あんたの思った通りだよ。諸岡さん」

戦いが終わって、傷つき去ってゆく鉄の後ろ姿を主水は黙って見送る。『仕置人』のラストで、江戸での生活を捨ててまで仲間についていこうとした主水の姿は、もはやどこにも見えない。鉄は見ず知らずの女郎の胸の中でひっそりと死んでゆく。一方の主水は――相変わらず市井の喧騒の中で賄賂をせびっていた。そして振り返りざま、ニヤリと画面に向かって微笑みかける中村主水のアップで、その幕を閉じる。

それは『仕置人』のラストとは正反対のラストだ。『仕置人』で、うなだれて奉行所の門をくぐっていく主水の小さな背中は、一時の祭りが終わり再び日常へと戻っていく凡人の切なさがあった。しかし、『新仕置人』での正面から大写しで捉えられた主水の姿からは、そうした切なさは全く感じられない。ここにあるのは、全てを諦めきった男が獲得した達観である。

そしてこれ以降のシリーズでは、主水は内面を持たない「ヒーロー」と化していく。

■『歌麿　夢と知りせば』（映画　1977年）

製作：日本ヘラルド映画／プロダクション：太陽社／監督：実相寺昭雄／脚本：実相寺昭雄、武末勝／出演：岸田森、平幹二朗、山城新伍、岡田英次　ほか

《解説》隅々にまで配された名脇役の演じるアウトローたちの姿がどこかヒロイックに映る時代劇だ。

本作では、激変する政治状況に振り回される文化人・芸術家たちの群像が描かれている。面白いのは、登場人物がそれぞれの役者のイメージをそのままに投影しているかのように、隅々まで配役されていることだ。

主人公の絵師・喜多川歌麿を演じるのは岸田森。「女を描けない」ことに思い悩むあまり、愛する妻を平然とならず者に犯させて、その様子を覗き見てしまうようなエキセントリックな役柄だ。これが岸田の幽玄とした雰囲気と合わさることで、いつも絵のことだけを考えて「心ここにあらず」な絵師の飽(あ)くなき探求心が「静かなる狂気」にまで昇華されていた。

他にも、内田良平は女好きで豪快な平賀源内、菅貫太郎は風体が上がらずに酒に溺

れる葛飾北斎、寺田農は容赦なく女を責めたてる彫辰、岡田英次は品格と知性を漂わせる田沼意次、仲谷昇は潔癖症的なまでに神経質な松平定信……と、皆が皆、これが役柄でやっているのか地のままなのか分からないほどの、普段のイメージそのままのハマリ役となっていた。

中でも見事だったのが、絵師たちの版元・蔦屋を演じた成田三樹夫だ。

上品な佇まいとどこか強面（こわもて）の迫力を併せ持つ風貌に、隙は全くない。また、彼の放つ鋭い眼光には絵の目利きとしての説得力が感じられる。そのため、序盤に歌麿の女絵を頑として認めようとしない場面や、中盤になってようやく歌麿の絵を評価するようになる場面など、当時の文化における価値判断の基準点となる人物には最適と思わせるものがあった。

それだけに、定信による浮世絵弾圧が始まった物語終盤、役人から「世を乱す、いかがわしき者ども！」と詰られた場面で、「世の中を乱しているのは、アンタたちじゃないか！」と一たん声を荒げた後、「……アンタたちなんですよ」とさらに低くつぶやく芝居は、権力に芸術が破れていく無力感を象徴するかのように映り、痛切に胸に迫ることになった。

◆『新・座頭市 第2シリーズ 第十話「冬の海」』（テレビシリーズ 1978年）

放送局：フジテレビ／プロダクション：勝プロダクション／監督：勝新太郎／脚本：勝新太郎、中村努／原作：子母澤寛／出演：勝新太郎、原田美枝子　ほか

《解説》勝新太郎がその代名詞ともいえるヒーロー・座頭市を演じたテレビシリーズである。このシリーズで勝は十六本を自らの手で監督している。それらの作品は、豪放磊落な勝のパブリックイメージとは対極的な、繊細でリリカルな、美しい映像詩のような内容になっている。

中でも、第2シリーズの第十話「冬の海」は、その美意識が最も強く表れた作品だ。描かれるのは、海辺のあばら家を舞台にした不治の病に冒された少女（原田美枝子）と座頭市との日々。その営みが、大きな物語展開がない中で、水彩画のような淡い色彩によって淡々と綴られていく。

荒れ狂う冬の日本海、叩きつける波の音、曇天の空を舞うカモメの群れ、灰色の空を見つめる青白い顔の少女、そこにたたずむ座頭市。時折、座頭市を狙って刺客が襲いかかる。が、ここではそれは重要ではない。あくまで、物語を展開させるために設

けられた外枠の装置に過ぎない。荒涼たる砂浜の海辺と、薄暗いあばら家の中だけで展開されていく。そこに映し出されるのは、間近に迫る死の存在を知りながら、ほんの短い生の温かみと安らぎを共有しようとする、二人の小さな人間の姿だけだ。

さらに凄まじいのが、テレビシリーズ全体の最終作となる「夢の旅」。これは勝ではなく、勝の盟友であった勅使河原宏が撮っている。

ここで描かれるのは、座頭市の「夢」。それは、「目が開いて世界をその目で見える」ことだった。が、その夢は決して幸福なものではなく、むしろ悪夢だった。

座頭市を狙って次々とやくざが襲いかかる。いつもなら簡単に斬り伏せるザコたちだ。が、今はそうではなかった。目が開いた座頭市は、もう相手を斬ることができなくなっていたのだ。顔の分かる者を斬ることへの恐れ、迫りくる刃への怯え、見えるからこそ感じる畏怖を初めて感じることになったのだ。そして、座頭市はただひたすらに逃げ惑うことに。

描かれた心象風景的な映像の抽象性に触れると、勝であり座頭市でありのイメージが大きく変わることだろう。

◆『影の軍団（全5シリーズ）』（テレビシリーズ　1980～85年）

放送局：関西テレビ／プロダクション：東映／監督：中島貞夫　ほか／脚本：山田隆之　ほか／出演：千葉真一、志穂美悦子、真田広之　ほか

《解説》千葉真一が服部半蔵などの伊賀忍者の頭目を演じてきた時代劇シリーズで、『幕末編』まで全5シリーズが製作された。千葉率いるJAC勢（志穂美、真田、黒崎輝ら）によるアクロバティックな忍者アクションが人気を博したが、このシリーズの魅力はそれだけではない。ドラマとしての設定が充実していたのだ。

第1シリーズ（『服部半蔵　影の軍団』）では、四代将軍の跡目を巡る権力争いに巻き込まれる伊賀と甲賀の抗争が展開され、甲賀を率いて立ちはだかる水口兄弟（菅貫太郎、石橋蓮司）の半蔵への激しい対抗心が全編を盛り上げるのと同時に、半蔵への恋慕のために甲賀を抜けることになる女忍者（三林京子）の悲劇が涙を誘った。

第2シリーズ（『影の軍団Ⅱ』）では、第一話で側用人・大岡忠光（成田三樹夫）による伊賀の里の大虐殺が描かれ、千葉扮する柘植（つげ）新八ら伊賀の生き残りによる大岡一党への復讐劇が全編を貫く。

異色なのは第4シリーズ（『影の軍団Ⅳ』）と、それに続く『幕末編』だ。第4シリーズでは、真田広之扮する勝麟太郎に新たな時代への希望を見た千葉扮する「十四代目・服部半蔵」は彼に肩入れし、理不尽な権力を振るう大老・井伊直弼（成田三樹夫）に対抗していく。そして、『幕末編』になると半蔵は高杉晋作（本田博太郎）・坂本龍馬（世良公則）ら倒幕の志士たちに協力、小栗上野介（夏八木勲）と彼に従う甲賀忍者たちと激しい闘争を繰り広げる。最終回では、江戸城開城後に甲賀との最終決戦が描かれ、新しい世の中ではもはや無用の存在となった忍者たちの最期の姿が切なく突き刺さることになった。

いずれのシリーズも、「史実の陰に蠢き、消えていく忍者たち」の生き様・死に様が丁寧に描かれており、奇想天外なアクションと相まって贅沢な印象を与えるものになっている。また、千葉扮する主人公が、毎シリーズ身を寄せる店の女主人（樹木希林）とのコミカルなやりとりが楽しかったり、脇を固める山村聰、長門勇、蟹江敬三、橋爪功といったベテラン俳優の抑えた演技も見逃せない。さまざまな楽しみ方ができる本シリーズは、六〇年代後半からのテレビ時代劇黄金期の集大成とも言える。

◆『五瓣の椿　復讐に燃える女の怨念』（テレビスペシャル　1981年）

放送局：よみうりテレビ／演出：鶴橋康夫／脚本：服部佳／原作：山本周五郎／出演：大原麗子、加賀まりこ、三國連太郎、明石家さんま　ほか

《解説》商家の娘・しの（大原）は病で父（仲谷昇）を失った。が、母（加賀）は別宅に若い役者（明石家）を愛人として囲い、帰ってこようとしない。そして、母の口から聞かされたのは、父を蔑む言葉の数々と、しのの実の父親は別にいるということ。しのは母を愛人ごと焼き殺すと自らも消息を断ち、別人になりきって母のかつての愛人たちを誘惑しては殺害していく。全ては、「父に恥をかかせてきたこと」への復讐のために。

本作では三國連太郎が圧倒的な存在感で演じている。彼が扮するのは商家の主・源次郎だ。この男は母の最初の愛人であると同時に、しのの実の父親でもある。山本周五郎の原作やこれまでの映像化作品では、しのが復讐を進める過程でそのことを知り、そこでの葛藤が描かれるという展開になっている。が、本作は違う。苛烈な物語にこだわりをもつ鶴橋監督は、あらかじめ母の口からしのへ真相を伝えているのだ。そし

て、しのは全てを知った上で、源次郎に近づき、誘惑していく。あえて「近親相姦」へ持ち込むことで、最も憎い源次郎への復讐を果たそうというのである。ただでさえ異常だった物語設定は、さらに異常なものとなった。この異常な世界は、三國の狂気の芝居とともに完結する。

何も知らない源次郎には、しのの若き肉体を思うがままにしたいという情欲しかない。そして、二人はついに床を共にすることに。しのの股に舌を這わせ、執拗なまでに愛撫をする源次郎に、しのは言い放つ、「おとっつぁん」と。

ここからの三國の芝居の変化のさせ方が凄い。真相を聞いてうろたえる姿には、これまでの余裕は微塵も感じられない。しのが迫ってきても逃げるのみ。そんな姿を、しのは嘲る。源次郎は、今にも消え入りそうな声で、「それはいけないよ。そんなバカなことはよして、考え直しておくれ……」と頼み込むと、最後には泣きじゃくってしまう。

しのは去り、源次郎の姿は変わり果てていた。青ざめた顔をして、自らの涎で手を濡らしながら朝の街を呆然と歩く源次郎は、自分の店も気づかずに通り過ぎてしまう——三國の見せた落差は、復讐に生涯を捧げた女の執念の壮絶さを伝えている。

◆『はぐれ狼』（「時代劇スペシャル」枠　1982年）

放送局：フジテレビ／プロダクション：ユニオン映画／監督：小野田嘉幹／脚本：安藤日出男／原作：池波正太郎／出演：中村梅之助、名古屋章、中村玉緒、松山政路　ほか

《解説》原作は池波正太郎の短編小説『顔』だ。

主人公の小金吾（梅之助）は、ある藩の勘定方を務めていた。が、藩主の金遣いの荒さに悩まされていた上、婚約者（横山万里子）を藩主に奪われそうになってしまう。思い余った小金吾は女と駆け落ちをした。が、なけなしの路銀を盗賊・半蔵（名古屋）に奪われ、路頭に迷った挙句に、女を病で亡くしてしまう。貧しさのため、治療することができなかったのだ。自暴自棄になった小金吾は強請りたかりに身を落とす。人の良さそうな風貌は、すっかり荒んでしまった。

一方の半蔵はその金を元手に足を洗い、料理屋を営んで幸せな家庭を築いていた。そんな半蔵のところに、小金吾が強請りに現れる。実は小金吾は半蔵の顔を覚えていなかったが、半蔵はそうとは知らずに小金吾に金を払い続ける。

この皮肉に彩られた短編を二時間に膨らませるに当たり、脚本家の安藤日出男は

「小金吾の堕ち方」に一層の凄みを与えている。小金吾は「相対死にの死にぞこない」の女郎（香野百合子）と昼間からただれた情事にふける。「あたしは一度死んだ身。息をしているだけでお釣りさ」とやる気なくつぶやく女郎に、「俺だっていつ死んだって構わねえ」と吐き捨てるように返す小金吾。

原作では小金吾は半蔵の正体を知ることなく死んでいくが、ここでは半蔵の正体に気づいた上で「貴様らの骨の髄までしゃぶり尽くしてやる」と、執拗に追いまくる。原作では小金吾が改心する決め手となる「半蔵の妻の説得」にも耳を貸さない。人生を捨て去り「堕ちた男」の腐臭漂う姿が、これでもかと徹底的に描き出されていく。

最終的には半蔵の妻（中村玉緒）の「私を殺してください」という言葉に小金吾は死んだ女の姿をだぶらせて、強請りをやめて女郎と人生をやり直す決意を固める。が、その矢先、暴漢と戦い、泥まみれになりながら、誰知ることなく雨に打たれながら息絶えてしまう。

ラストシーン、雨に濡れた路地裏を一人行く女郎は幸せそうな半蔵一家とすれ違う。運命の理不尽さを感じさせるペーソスが最後の最後まで静かに貫かれた作品だった。

◆『御宿かわせみ』（テレビシリーズ　1982～83年）

放送局：NHK／演出：岡本憙侑　ほか／脚本：大西信行／出演：真野響子、小野寺昭、山口崇、田村高廣　ほか

《解説》大川端に旅籠（はたご）「かわせみ」を営むヒロイン・るいと、その恋人・東吾との恋模様が毎回起きる事件と共に綴られる平岩弓枝の『御宿かわせみ』は、その子どもたちの時代を描いた新シリーズ『新・御宿かわせみ』が今も連載として続いている、「オール讀物」を代表する時代小説である。

何度も映像化されているが、中でも決定版として名高いのが、一九八二年のNHK制作版だ。るいを真野響子、東吾を小野寺昭が演じたこのバージョンは人気を博し、シリーズを重ねていった。

本作が新しかったのは、その日常描写にあった。それまでのテレビ時代劇ではあまり重視されてこなかった江戸の風俗や季節感を、情緒豊かに表現しているのだ。

そうした描写は、既に第一回から顕著に見られる。たとえば「かわせみ」の外観を

映す際、ただセットの外側を撮るだけではなく、その周辺の景色のカットも挿入させている。しかも、スタジオ撮影がほとんどだった当時のＮＨＫ時代劇にしては珍しくロケーション撮影を敢行してまで、「柳越しに大川が流れ、そこに小舟が一艘浮かぶ」という情感あふれるカットを撮っているのだ。

ラストシーンもまた、印象的だった。

ここでは東吾が「かわせみ」の縁側に腰かけて昼から酒を飲みつつ、室内のるいと共に今回の事件を振り返っている。この時、二人にただセリフのやりとりをさせているだけではなく、その背後に風鈴の音や遠くから舟唄が聞こえてくる。こうした江戸情緒あふれるさまざまな音をＢＧＭとさせることで、何気ない日常描写に趣を与え、二人のいる空間をより瑞々しいものとして際立たせていた。

人々の優しい気持ちと温かさが江戸情緒とともに綴られ、捕物帳でありながら人情ものとしての楽しみ方もできる。

◆『壬生の恋歌』（テレビシリーズ　1983年）

放送局：NHK／演出：宮沢俊樹　ほか／脚本：中島丈博　ほか／出演：三田村邦彦、赤塚真人、笑福亭鶴瓶、杉田かおる　ほか

《解説》新選組には「違反した者は例外なく切腹」という鉄の掟があった。隊に属する誰もが、いつ死んでもおかしくない組織をまとめる上では、非情に徹さざるをえない。本作では、そうした非情な組織の中で懸命に生きようとする若者たちの青春が描かれている。

主役は、他の作品でなら点描としてしか登場しないような下級の無名隊士たち。主人公の入江伊之助（三田村）をはじめ、物語を動かすのはいずれも本作のために創作された、架空のキャラクターだ。本作が珍しいのは、普段は見過ごされがちな無名隊士たちの日常が瑞々しく描かれている点にある。屯所の同じ部屋で寝起きをし、食事をとり、洗濯し、剣の稽古に汗を流し、バカ話したり相撲とったり喧嘩したり。彼らは文字通り「同じ釜の飯を食い」ながら、友情を育んでいく。そして、互いの恋や危機を助け合う。他に行く場所のない彼らにとって、屯所こそが《ホーム》であった。

が、そこに容赦ない現実が襲いかかる。局中法度だ。隊の規律のためには一切の妥協を許さない近藤（高橋幸治）と土方（夏八木勲）によって無名の若者たちは一人また一人と命を落とす。特に印象深いのは、畑中三郎（渡辺謙）と千石静馬（鶴瓶）の死だ。三郎は女郎を巡る三角関係の果てに罠にかけられ、女郎殺しという無実の罪に陥れられる。仲間たちは無実を証明すべく奔走するが、全ては無駄に終わる。近藤からすれば、陥れられたこと自体が問題であり、無実かどうかはどうでもいいことなのだ。ようやく三郎の事件当夜のアリバイを証明する者が現れるが、そんなことは関係なく処刑されてしまう。静馬は長州の間者として隊に潜入していたものの、彼を兄貴分と頼りにしてくる仲間たちと楽しく過ごしていくうちに、心は新選組へと向かっていった。そして、「ワシはアンタたちと離れとうない。運命を共にしたいと思うとる」と仲間たちに全てを話し、長州を離れようと桂小五郎（坂口徹郎）を襲撃する。が、裏切りは長州に露見しており、待ち伏せにより隊に多大な犠牲を出してしまう。静馬はその責任を土方に問われ、処断された。

若者たちは誰も皆、純情で不器用でお人好しだった。が、そのために皆、虚しく死んでいったのだ。

◆『弐十手物語』（テレビシリーズ　1984年）

放送局：フジテレビ／プロダクション：東映／監督：工藤栄一　ほか／脚本：志村正浩　ほか／原作：小池一夫／出演：名高達郎（現・名高達男）、泉谷しげる、野口五郎、萬屋錦之介、かとうかずこ（現・かとうかず子）　ほか

《解説》泉谷しげる演じる同心・鶴次郎が素晴らしい。

俯（うつむ）きがちにボソボソとしゃべる、人の目を真っ直ぐに見ない、他人に対して卑屈と言っていいほどに小さくなって当たる、力なくグチっぽい口調、力は弱く敵とは真っ向から立ち向かわない。鶴次郎は弱く情けない人間だからこそ、罪人に対しても同じ無力な人間として接して、その心情に自身を投影しながら深く相手に入り込んでいってしまう。大きく構えて上から説教する言動は一切ないのだ。

そんな男を軸に物語が展開されるだけに、ドラマはいつも哀しく切ない人間模様が描かれることになる。第二話「恐雨の向こうから」では、無実の罪で投獄された男（中村嘉葎雄）は脱獄、鶴次郎たちも協力して、陥れた黒幕に復讐しようとするが、志半ばで命を落とす。第三話「鬼神の女」では、女盗賊・おまつ（山本みどり）は鶴

次郎と惚れ合うことで人間の心を取り戻す。しかし、そのために自首して磔（はりつけ）の刑に処されてしまう。第六話「売れ残り」では、鶴次郎を恋い慕う女（浅利香津代）が実は盗賊の手下だったが、そのことを気づかれたことで、鶴次郎に全面的に協力する。鶴次郎は女の自分への想いを知って嫁にもらい受ける決意をするが、女は盗賊の報復に遭う。第八話「雨蛙が愛した女」では、元盗賊の男（蟹江敬三）と茶店で体を売る女（范文雀（はんぶんじゃく））が江戸を逃げ出そうとするものの、小さな事件に巻き込まれたことから男の過去が判明、女は自分も人を殺すことで男と同じ十字架を背負おうとするが、結局、男は捕まってしまう……。

毎回のラストシーンがまた哀しい。鶴次郎は、そのやるせない感情が頂点に達した時、片足を真横に、右手を真上に掲げて、指先で嘴（くちばし）を形作る「鶴のポーズ」をとる。そして、「つるーっ！」と叫んで鶴になりきることで人間であることを忘れようとする。この「鶴のポーズ」に被さるようにエンディングロールと主題歌が流れる。

夕暮れの嵐山、きらめく川面、そよぐ芒、その中で小さく佇む「鶴」のシルエット。哀愁漂うサックスのメロディが流れる中、倒れては立ち上がりまた倒れ立ち上がる泉谷の姿が嵐山の情景と溶け合うように映し出される。

■『ジャズ大名』（映画　１９８６年）

製作：松竹／プロダクション：大映　ほか／監督：岡本喜八／脚本：岡本喜八、石堂淑朗／原作：筒井康隆／出演：古谷一行、財津一郎、神崎愛、タモリ　ほか

《解説》物語は南北戦争中のアメリカから始まる。オレンジ農場を抜け出した三名の黒人はアフリカに帰ろうとするが、船は難破、日本に漂着した。

岡本喜八の演出は冒頭から意表を突いてくる。黒人たちの声は吹き替えで、しかも「オラたちは～」「～だべ」と訛りまくる。そこに、「なにが奴隷解放だ！」といった、無声映画のような字幕が挿入されるのだ。

三名は駿河の貧乏小藩に漂着する。時は大政奉還後の動乱期。倒幕か佐幕かで世間が揺れる中、この藩の若き藩主（古谷）は世情に興味なし。どちらに付くこともなく、飄々と日々を生きる。そして、三名がそれぞれに持ち込んだ管楽器で演奏するジャズの調べに魅せられ、自らもクラリネットで参加するようになる。

終盤の展開が凄まじい。

戊辰戦争が始まると、藩主は両陣営の通り道として城中を提供、自らは地下の座敷

牢に籠もって黒人たちとジャズに興じる。藩士たちもそれぞれに得意な楽器やソロバン、洗濯板など使える道具を持ち寄って参加。藩総出の大掛かりなセッションへと拡大していく。

その一方で、城内では幕府軍と新政府軍の凄惨な殺し合いが行われていた。そんなことはお構いなしに藩主たちはヤケクソのような没我のテンションで演奏を続ける。そして、この演奏会が十五分近くにわたって繰り広げられたまま終幕になるのだ。

タイトルや冒頭のノリからすると、風変わりなコメディ映画と思われるかもしれない。もちろん、そうした楽しさに満ちた作品でもある。だが、それだけではない。ジャズに興じる藩の人々と、殺し合いを続ける侍たちを紙一重の空間に置くことで、戦うことのバカらしさと、だからといってそれに対してどうすることもできない無力さを伝えることになり、反戦映画としての風刺性も強く帯びている。

時代の流れと関係なく「好き」に生きようとする人間たちを、「好き」なように演出する監督の姿が、そこにある。

■『浪人街　RONINGAI』（映画　1990年）

製作：松竹／プロダクション：京都映画／監督：黒木和雄／脚本：笠原和夫／原作：山上伊太郎／出演：原田芳雄、勝新太郎、樋口可南子、石橋蓮司、田中邦衛　ほか

《解説》舞台となるのは江戸下町のスラム。そこに暮らす夜鷹たちは、毎晩のように旗本たちに斬殺されていた。「世の中が乱れる元は貴様ら淫売だ」という身勝手な理由によるものである。この非道な旗本たちを懲らしめるべく、喰いつめ浪人たちが立ち上がる。

女を渡り歩いて金を掠める主人公・源内（原田）、粗暴で金に目のない赤牛（勝）、刀の「試し斬り」を大名から請け負って死体を斬る権兵衛（石橋）、庭先で飼っている鳥を売って生活する孫左衛門（田中）。それぞれ世間的には「ロクデナシ」な男たちだ。

が、誰もが皆、純情で不器用で、そして熱い。

中でも筆者が惹かれたのは、権兵衛だ。普段はムッツリしているが、実は源内の情婦お新（樋口）に惚れ込んでいる。手を汚して稼いでいるのも、実は彼女を抱く金を

貯めるためだ。だが、ありったけの金をお新に差し出して頭を下げるも、そこに現れた源内にからかわれ、手出しできないまま立ち去ってしまう。

その情けない様からは、「モテない童貞男」の切なさが伝わってきた。だが、権兵衛はそれだけでは終わらない。旗本たちに捕らわれたお新を救うため、ラストで源内と共に敵地へ乗り込むのだ。たとえ想いは通じなくとも、惚れた女のために身の危険を顧みずに立ち向かう。

まさに、「カッコいい男の博覧会」と言える作品だ。

時代劇の物語は、ほとんどが刀によって最終的な決着がなされる。逃げることも、敗れることも許されない、過酷な闘争の世界だ。守るべきものを守り抜くためには、文字通り命を懸けて戦うしかない。本作は、その真骨頂とも言える。

そこに描かれるのは、「死」の恐怖と対峙し超克したところで戦う、「生き様」としてのカッコよさ。表面的な見栄えを追いかけるような軽薄な輩どもが太刀打ちできる世界ではない。本物の男たちの姿が息づいている。

◆『神谷玄次郎捕物控　第十話「闇の穴」』（テレビシリーズ　１９９０年）

放送局：フジテレビ／プロダクション：松竹／監督：井上昭／脚本：古田求／原作：藤沢周平／出演：古谷一行、藤真利子、唐沢寿明、火野正平、高橋長英　ほか

《解説》藤沢周平原作の『闇の穴』は、裏店で夫や娘とつつましく暮らす女の許に、姿を消していたかつての夫が現れ、生活がかき乱されていくという短編だ。このシンプルな設定を、『神谷～』の世界に盛り込むことで、男と女の情念のドラマが生まれた。

同心・神谷（古谷）は、ロクに家にも帰らずに、夫に逃げられた子持ちの女・お津世（藤）の経営する居酒屋の二階で寝泊りしている。二人は愛人関係にあって、まるで夫婦のように寄り添って暮らす。

そこへ、三年前に姿を消していた津世の亭主・峰吉（高橋）が帰ってくる。心を入れかえたという峰吉に、津世は過去の恋情を募らせる。そのことを神谷に告白する津世。「未練がねェって言ったらウソになる。しかしオレは遊び人だ。遊び人には遊び人のケジメってやつがある。人の幸せブチ壊すマネはしねェよ」。そう言って、自ら

身を引く神谷。その後、親子三人は一見幸せそうに暮らしていた。しかし、峰吉は実は盗賊の一味だった。夜のドブ川に神谷は峰吉を追いつめ、対峙する。峰吉は神谷を嘲笑う。

「だがな……女の取り合いはオレの勝ちだ！」。峰吉を斬り捨てる神谷。「オレは、お津世の亭主じゃねェ……オレはただ……ただの悪党を一人斬っただけだ……」。神谷は自分にそう言い聞かせるしかなかった。

ラストシーンが印象的だ。雨が降りしきる路地裏、ズブ濡れになりながら呆然と佇む津世。そこに、神谷が峰吉の死を報せにやってくる。虚ろな視線を交わす、男と女。「幸せになりそこなった女の見物に来たのかい」「峰吉は死んだ……みんな忘れろ」「死んだことは知ってるよ……三年前にね」。地面に這いつくばって泣く津世を神谷が抱き起こす。「峰吉なんて男は初めからいなかったのさ……」。そうつぶやく津世に何も言うことができず、ただ抱きしめる神谷。体を委ねる津世。泥まみれで抱き合う二人を、雨が打ちつけている。命懸けの決闘を超えて、やるせない情念をぶつけ合うしかない男と女の結末がそこにあった。

◆『仕掛人　藤枝梅安』（テレビスペシャル　１９９０年）

放送局：フジテレビ／プロダクション：国際放映／監督：吉田啓一郎／脚本：安倍徹郎／原作：池波正太郎／出演：渡辺謙、橋爪功、田中邦衛、中村橋之助（現・中村芝翫）、美保純　ほか

《解説》渡辺謙は当時、突然の白血病に倒れ、その生死すら危ぶまれる状態にあった。八七年の大河ドラマ『独眼竜政宗』の主演に抜擢されてから、スターへの道を邁進し続けてきた、その矢先のことだ。本作は、ようやく危機を脱した渡辺の復帰作だった。

表では鍼医者として人助けをする一方で、裏では仕掛人として金をもらって人を殺す。そんな梅安を池波は、絶えず死を強く意識しながら日々を生きる男として描いている。その心情と、「ベッドの上で、今日だけを見つめていた」渡辺の心情が響き合う。

そして渡辺は、梅安を哀しい宿業を背負ったからこその優しさを持った、センチメンタルな男として演じていく。相棒の彦次郎を演じるのは橋爪功だが、渡辺と橋爪は当時、同じ劇団に所属していたということもあり、両者は抜群のコンビネーションを見せる。梅安と彦次郎は梅安の家で酒を飲み、鍋をつつき合う。うす汚れたコタツだ

けのある狭い殺風景な男所帯の部屋には、鍋の煮える音だけが聞こえてくる。そして、二人はしみじみと互いの人生を語り合う……。このシーンを、渡辺と橋爪は互いにアイディアを出し合いながら台本を大きく膨らませ、芝居を奥深いものにしていった。

ここで描かれているのは、明るい表情を見せながらも、奥底に哀しみと孤独、死への不安を抱えた男たちの姿であり、彼等がせめてもの生を謳歌せんとする姿である。

そして、渡辺＝梅安ならではの特徴が最も如実に表れているのが、殺しの標的（余貴美子）が「実の妹」だと知った時のリアクションである。女殺しを依頼された際、原作では平然とこれを受けていた。が、渡辺版は違う。「女は嫌だ……あの死んでいく時の目がたまらねェ……」と敬遠してしまうのである。「そうですかね。私はべつに何とも。仕事ですからね」と冷徹に受け入れる緒形拳＝梅安のまさに対極の人物像だ。だから、母のことを思い出しても、「コイツはいけねェや、人殺しが人恋しいなんてね……」と、どこか捨てきれない、センチメンタルな想いが見え隠れする。

そして、殺しを終えた梅安は冬枯れの海岸に一人佇み、「夕映えの赤い冬空をうつして」目をうるませる。そこには、生きることに至上の喜びを感じていた、当時の渡辺謙自身の想いが強く反映されていた。

■『女殺油地獄』（映画　1992年）

製作：松竹／プロダクション：京都映画／監督：五社英雄／脚本：井手雅人／原作：近松門左衛門／出演：樋口可南子、堤真一、藤谷美和子、井川比佐志、岸部一徳　ほか

《解説》破滅的な若者の生き様を描いた近松門左衛門の戯曲を、監督の五社英雄と脚本の井手雅人は大きくアレンジし、若い男女に嫉妬の炎を燃やしてしまった年増女の破滅の物語として捉え直している。樋口可南子扮するお吉の刺殺体の足元が油にまみれて妖しく光る冒頭からして、むせるようなメスの臭いが、画面を飛び越えて早くも漂ってきている。

お吉は遊び人の油屋の若旦那・与兵衛（堤）の乳母（うば）をしていたことから、今でも母親のように接している。だが、与兵衛の若い肉体を見ているうちに、段々と「男」として見てしまうようになっていく。大人としての落ち着きを見せようと、ひたすら感情を殺し続ける様が物語の前半を通して描かれた。それでも、たとえば黙々と米を研ぐ樋口のほつれた髪や汗ばむ首筋が映し出されるなど、日常の中のディテールの描写を積み重ねることで、五社は女としての抑えきれない燻る想いを伝えている。

与兵衛は若い魔性の女・小菊（藤谷）に惚れきっていて、その掌で転がされ続けた挙句、駆け落ちや無理心中の騒動まで起こしてしまう。これ以上、与兵衛を惑わさないでほしいと懇願するお吉を、小菊は嘲笑う。小菊は、若い二人の関係に嫉妬するお吉の心情を読みとっていたのだ。この時、初めて樋口の顔がアップで映し出される。そこには、これまでの繕（つくろ）った作り笑いの消えた「女の顔」があった。

決意を固めたお吉は舟宿に与兵衛を招き、誘惑する。「小菊みたいな女にアンタを好きにされるの嫌や……抱いて」。そう言って着物を脱ぐお吉。たまらなくなり、抱きつく与兵衛。「かんにんしてな、こんなにしてもうて」「可愛い坊を年上のワテが……」。言葉とは裏腹に、男と女は激しく絡み合う。

だが、それ以上にエロチックな印象を残したのは、帰宅してからのお吉の描写だ。土間でお吉は水を飲むのだが、この時、はだけた裾から覗く足先や艶めかしいウナジのラインが映し出され、年増女が再び「性」に目覚めた様を巧みに表現しているのだ。

五社の女性を見る視点の見事さに驚かされる作品だ。

◆『腕におぼえあり（全3シリーズ）』（テレビシリーズ　1992〜93年）

放送局：NHK／演出：大原誠　ほか／脚本：中島丈博、松原敏春、金子成人／原作：藤沢周平／出演：村上弘明、渡辺徹、片岡鶴太郎、清水美砂（現・清水美沙）　ほか

《解説》藤沢周平の代表作の一つ『用心棒日月抄』が、近藤等則（としのり）のトランペットによるジャズの狂騒的な調べに乗り、スピーディーでワクワクする活劇にアレンジされている。

海坂藩士の青江又八郎（村上）は藩の不正事件に巻き込まれ、心ならずも許嫁（いいなずけ）・由亀（清水）の父を斬り、その現場を由亀に見られてしまう。江戸に逃亡した又八郎は用心棒稼業で生計を立てていく。

毎回の物語は又八郎が用心棒として派遣される先での事件を核に進行していくのだが、それに加えて藩の陰謀を巡る暗闘に忠臣蔵に由亀との遠距離ラブストーリーもあり、内容はもりだくさん。

主人公の又八郎も魅力的だ。頭脳明晰で凄腕、心優しき正義漢を、「ハンサム」という表現がピッタリの出で立ちの村上が颯爽と演じるものだから、とにかくカッコい

い。

この時期の時代劇はベテランが主人公を演じることが多かった。が、若々しさ、瑞々しさを存分に放つ村上の存在は若い視聴者に時代劇の魅力を伝える格好の入り口となった。

脇のキャラクターたちもいい。用心棒仲間の源太夫（渡辺）とその妻・文（風吹ジュン）とのほのぼのとしたやりとり。用心棒先を斡旋（あっせん）する相模屋吉蔵（坂上二郎）の皮肉めいたユーモラスさ。若い主人公を温かい空間が盛り立てていく。

そして、事件は一度解決するのだが、再び藩主争いを巡る陰謀に又八郎は巻き込まれていく。そうなると、今度は魅力的な悪役が次々と出てくる。ライバルとして立ちはだかる大富静馬（片岡鶴太郎）、憎々しい巨悪の寿庵保方（細川俊之）、その側近（近藤正臣）の不気味さ。この面々と村上＝又八郎との対決なのだから、それはもう盛り上がるというもの。

又八郎を陰から守る女忍者・佐知（黒木瞳）のけなげさも素敵だった。

バラエティ豊かなテレビ時代劇が数多く作られた一九九〇年代を象徴する作品の一つといえる。

◆『清左衛門残日録』（テレビシリーズ　1993年）

放送局：NHK／演出：村上佑二　ほか／脚本：竹山洋　ほか／原作：藤沢周平／出演：仲代達矢、南果歩、かたせ梨乃、財津一郎、山下真司　ほか

《解説》隠居した海坂藩重役・三屋清左衛門が藩の後継者を巡る派閥争いや陰謀に巻き込まれていく話だ。原作では清左衛門が老いや寂寥感と戦いながら毎日を送るのに対して、NHK版で仲代達矢が演じる清左衛門には、どこか逞(たくま)しい精悍さが漂う。それだけに、隠居してもなお、失われた青春を取り戻さんとする気概に満ちていた。

中でも印象的なのは第一話だ。清左衛門の前に若き日の友・金井奥之助が現れる。二人は藩の派閥争いに巻き込まれ、道を分かっていた。清左衛門の派が勝利し、金井の派は敗北する。久々に再会したかつての友に、往時の面影はなく、落ちぶれていた。蒼ざめた顔に卑屈な笑いを浮かべ、眼には精気がない。全身からコンプレックスに満ちた、老いさらばえた男の惨めさを、佐藤慶が完璧に演じきっている。

偶然の再会から金井は清左衛門の隠居部屋を訪れるようになり、昼間から飲んだくれて酔っ払う。そこに回想で青春の日々が挿入されるため、今の金井の姿が一層痛々

しいものとして映る。「どうでもいいのだ。俺は死んだほうがいい。みんなが喜ぶ」と愚痴る金井を見ながら、一つ間違えば自分がそうなっていたかもしれないと思う清左衛門。彼は「金井と昔のように付き合いたい」と考え、磯釣りに誘う。

金井はそこで清左衛門を海へ突き落とそうとする。が、失敗して自らが海へ転落。清左衛門に助けられる。清左衛門は金井の行いを見なかったことにして介抱をする。「貴公が憎かった……」と想いを吐露しようとする金井を清左衛門は止める。「何も言わんでくれ。ワシは貴公と昔に戻ろうと……」。だが、金井は続ける。「時は過ぎたのだ。ワシは一度も日の目を見なかった。落ちぶれたまま隠居するしかなかった」。ただ聞くしかない清左衛門に金井は言い放つ。「許してくれとは言わぬ。助けてもらった礼も言いたくない。それでも、昔の友人という気持ちが一片でも残っていたら、このままワシを見捨てて帰ってくれ」。

まだ青春をやり直そうとする清左衛門と、諦めと嫉妬の中で人生を惨めに終わらせようとする金井。俳優座養成所同期の両雄による抜群の呼吸により生み出される芝居の緊張感により、過ぎ去った時間は絶対に取り戻されることはないという、清左衛門に突きつけられる残酷な現実が伝わる。

◆『闇の狩人』（テレビスペシャル　1994年）

放送局：テレビ東京／プロダクション：松竹／監督：貞永方久／脚本：吉田剛／原作：池波正太郎／出演：村上弘明、蟹江敬三、畠田理恵、岸田今日子、田村高廣　ほか

《解説》記憶喪失の剣客・谷川弥太郎（村上）、彼の名づけ親になる盗賊・雲津の弥平次（蟹江）、弥太郎を殺し屋として使う香具師の元締・五名の清右衛門（田村）という三人の裏社会の住人が抗争に巻き込まれる中で、それぞれの生き様・死に様が展開されていく。弥太郎の過去と清右衛門の渡世のしがらみが絡み合い、清右衛門は弥太郎を殺さざるをえなくなる。ここまでは原作と変わらない。だが、終盤の展開は大きく異なっている。

原作では、弥太郎殺害を決意した際の清右衛門の思いは、「もはや、谷川弥太郎への愛情は一片もなくなっていたといってよい」と書かれている。一方の弥太郎も、清右衛門には何も告げずに、おみち（畠田）と二人で江戸を離れてしまう。

つまり、この段階で二人の間には情はもはや何ら通っていない。そして、弥太郎を清右衛門は「恩知らず」となじり、何とか見つけ出して始末しようとするが、やがて

敵対組織によって殺されてしまう。

それに対し吉田脚本は、ここから完全にオリジナルの展開を見せる。弥太郎は、弥平次の説得により清右衛門の下を離れておみちと平穏に暮らす決意を固める。一方、どうしても弥太郎を殺さざるをえない状況に追い込まれた清右衛門は「我が子のような人だ、他の人には手をかけさせられねえ」「これは仕事だ。仕事はなおざりにできねえ。なおざりにしたら、俺はただの人殺しよ……」と静かに辛い決意を固め、おみちを人質にとって弥太郎をおびき出す。

清右衛門は毒の入った盃を弥太郎に渡す。そうと知りながら、弥太郎はそれを口に運ぶ。と、その時、敵対組織の襲撃が。弥太郎は清右衛門を守り、敵を斬り伏せる。

「何で助けたんだ、私を……」と問いかける清右衛門に、弥太郎が答える。

「命を助けてもらった人の命を助ける。それで勘定は合うじゃないですか」

弥太郎の誠実さに改めて感じ入った清右衛門は、弥太郎の危機に今度は自ら盾となり命を絶つ。

池波正太郎の乾いたハードボイルドの世界が優しく温かい脚色と溶け合い、孤独な男たちのドラマがより切なく際立つことになった。

◆『阿部一族』（テレビスペシャル　1995年）

放送局：フジテレビ／プロダクション：松竹／監督：深作欣二／脚本：古田求／原作：森鷗外／出演：山﨑努、佐藤浩市、蟹江敬三、藤真利子、真田広之　ほか

《解説》文豪・森鷗外の小説を生粋のエンターテイナーである深作欣二監督が映像化するという、奇妙な取り合わせの作品だ。だが、この一見するとミスマッチなところが功を奏したのか、原作そのものの持つ異様さを見事に映像化した作品となっている。

物語の舞台は肥後細川藩。藩主・忠利（仲谷昇）はその死に際し、家臣の殉死を禁じた。にもかかわらず、後を追って自害する者が続いた。新藩主（青山裕一［現・花柳寿楽］）は殉死の禁令を出す。阿部弥一右衛門（山﨑）は軽輩の身から忠利の力で大身に出世していたが、遺言を守って死ななかった。が、そのために同僚たちから嘲りを受け、思い余って自害してしまう。禁令を破ったことに怒った藩主は阿部家の禄高を取り上げてしまう。

この前半、物語は徹底して抑制したタッチで進む。誰も感情を表に出すことなく、とても深作演出とは思えない静けさの中で、阿部一族に降りかかる悲劇が淡々と描写

されていく。それだけに、不気味なまでの不穏さがヒタヒタと迫ってくる。

後半になって、それが転調する。藩主の決定に抗議した長男・権兵衛（蟹江）が打ち首に処せられると、一族は二男・弥五兵衛（佐藤）を中心に決起した。ここからは、深作ならではの大エンターテインメントと化していく。弥五兵衛は屋敷の中に何重もの竹柵を張り巡らして要塞化し、藩兵たちの襲撃に備える。そして、攻め入ってきた藩兵たちとの戦闘は始まった。竹柵が迷路のように張り巡らされた屋敷内で迎撃する阿部一族により、次々と藩兵たちは倒れていく。これを深作は早いカット割の阿鼻叫喚のアクションで切り取ったことで、息もつかせぬ戦闘になった。

しかも、それだけでは終わらない。最後は隣家の侍に扮した真田広之と佐藤浩市との、槍を使った壮絶な一騎打ちが展開されるのだ。最後の最後になって抜群のタイミングで周囲を押しのけて現れてくる真田を見ていると、思わず「待ってました！」と声をかけたくなってしまう。

文豪の文芸作品であっても観る側へのサービスを忘れない、深作欣二の飽くなきエンターテインメント精神に触れることができる。

◆『雲霧仁左衛門』（テレビシリーズ　1995〜96年）

放送局：フジテレビ／プロダクション：松竹／監督：工藤栄一　ほか／脚本：宮川一郎　ほか／原作：池波正太郎／出演：山﨑努、中村敦夫、池上季実子、増田恵子、石橋蓮司　ほか

《解説》数多くの配下を抱える大盗賊・雲霧仁左衛門（山﨑）とそれを取り締まる火付盗賊改め方長官・安部式部（中村）との死闘を描いた作品だ。

ターゲットに定めた店に何年もかけて仕掛けをほどこし、粛々と盗みに向けての手筈を整えていく雲霧一党と、彼らを捕縛すべくさまざまな罠を張り巡らせる火盗改め。両者ともに知恵を振り絞った心理戦・情報戦を展開し、毎回サスペンスフルな物語が繰り広げられていく。徹底したハードボイルド作品である。

それを支えたのは、隅々まで配置されたクセ者揃いの俳優陣だ。山﨑努・中村敦夫の2トップは決してヒロイックに気負うことなく、抑えた演技で「陰から配下を動かす」リーダーを演じている。そして、それより何より、彼らの配下を演じる面々が素晴らしい。

普段はともすればないがしろな扱いすら受けかねない芸達者な脇役・悪役俳優たち

がここでは大役を得て、水を得た魚のように生き生きと躍動している。雲霧サイドには、仁左衛門のナンバー2・木鼠の吉五郎の役に石橋蓮司、斬り込み隊長的な州走りの熊五郎には本田博太郎と、当代の悪役俳優の両雄が主人公側にいる珍しい配役となった。

そして、石橋は仁左衛門の全てを理解し信頼をされきっている寡黙で冷静な男を貫禄十分に演じている一方、本田はマントのような羽織をたなびかせ、ギラついた瞳を血走らせ江戸の闇を走り回る。この両者がここまで格好よくスタイリッシュに主人公側の人間を演じる様を見られるだけでも、本作には一見の価値がある。

また、火盗改め側も意外なキャスティングがなされている。特に、どちらかというと嫌味な小悪党役の多かった西田健が火盗改めの与力・山田役を演じていたのには驚いた。ここでの西田は怜悧な頭脳の持ち主で、雲霧一党の動きを巧みに察知しながら部下たちに的確な指示を出していく。

日本の脇役俳優たちの凄味を心ゆくまで堪能できる作品だ。

◆『命捧げ候〜夢追い坂の決闘』（テレビスペシャル　1996年）

放送局：NHK／演出：村上佑二／脚本：中島丈博／原作：藤沢周平／出演：緒形拳、南野陽子、平田満、浅野忠信、高松英郎　ほか

《解説》緒形拳が男の哀愁を切なく演じた作品だ。冒頭、緒形扮する「とむらいの猪之吉」と呼ばれる初老の渡世人は、出入りの場に助っ人として現れては何食わぬ顔で次々と人を斬っていく。ボロボロの頭髪、荒んだ表情、全身から放たれる殺気……緒形の風貌には味方からも「死神」として恐れられているだけの、殺伐とした雰囲気が漂う。

実はこの男、かつてはれっきとした侍だった。が、上役（西岡徳馬）の不正を見逃せず斬ってしまったため脱藩し、妻子と共に江戸で貧しい浪人暮らしを送ることになる。美しい妻（南野）は喘息持ちの娘の薬代を稼ぐため、夫に内緒で身体を売るようになる。客の一人だった同郷の遊び人の浅次郎（平田）は家族に同情し、これ以上彼女に身体を売らせないよう、主人公を裏稼業の世界に誘い込む。だが、妻は身体を売ることをやめなかった。いつしか、身も心も娼婦そのものになってしまっていたのだ。

そしてある夜、客をとって帰路につく妻を夫が待ち受ける。何も言えず、ただ哀しげな表情を浮かべる妻。夫もまた、何も言わずに妻を斬る。そして、それまで感情を殺していた夫は、浅次郎が訪ねてきた時に初めて感情を露わにした。「殺してくれと、口では言わぬが、目で訴えていた。殺して、初めて私のところに帰ってきた」。そう言って、妻の亡骸にすがりついて泣くのだ。女の性と男の業。どうにもならない理不尽な宿命を緒形と南野は静かな芝居の中に表現している。特に、これまで緒形は徹底して感情を抑制して演じてきたため、より一層、その想いは観る側に突き刺さってくることになった。

娘を浅次郎に預け「猪之吉」と名乗って殺し屋に身を落とした主人公は十年後、故郷へ帰る。そこには、亡き妻と瓜二つに成長した娘（南野の二役）があった。娘は、かつて斬った上役の息子（冨家規政）に言い寄られている。娘の幸せのため、再び過去の因縁に足を踏み入れる猪之吉だったが、病に倒れ娘の介抱を受ける。そして、父だと気づいた娘から「どうして私からお母さまを奪ったんだ！」「人殺し！」と詰られる。呆然と立ちつくすしかない猪之吉だったが、全ての想いを胸にしまい込み、敵地へと向かう。その孤独な背中からは、罪を背負った男の哀しみが漂っていた。

◆『剣客商売（全5シリーズ）』（テレビシリーズ　1998〜2004年）

放送局：フジテレビ／プロダクション：松竹／監督：井上昭　ほか／脚本：古田求　ほか／原作：池波正太郎／出演：藤田まこと、小林綾子、渡部篤郎（第1・第2）、山口馬木也（第4・第5）、大路恵美（第1〜第3）、寺島しのぶ（第4・第5）　ほか

《解説》剣術道場を息子に譲って自身は若い女房と悠々自適な隠居暮らしをする老剣客・秋山小兵衛（藤田）と、腕は立つものの生真面目で武骨な息子・大治郎（渡部、山口）の交流を描いたシリーズだ。

毎回のゲストとして登場する中には、小兵衛と同じく剣の道に生きながら、幸福とは程遠い最期を迎えた剣客たちも多い。

第1シリーズ七話「箱根細工」には、病に伏せ、箱根で療養する小兵衛の剣友・横川彦五郎（山本學）が登場する。「己の病み衰えた姿を昔の友には見せたくなかろう」という小兵衛の気遣いにより、名代として大治郎が見舞う。「今のワシに何ができよう。若い頃あれだけ打ち込んだ剣術も今となっては跡形もない。全てを擲（なげう）って結局残されたものと言えば、老いさらばえたこの身一つだ」。それは剣にしか生きる道を

見出せなかった人間が最後に迎えた孤独な姿だった。

「討たれる」ことでしか生涯を全うできなかった老剣客も少なくない。第3シリーズ一話「手裏剣お秀」に出てくる杉原左内（寺田農）も、その一人。左内は「剣客としてのやむをえない仕儀」により友を斬って出奔。以来、その弟から「仇」と狙われている。にもかかわらず、左内はことさらに大きな道場の看板を掲げ、「息のある限り真正面から立ち向かい、武士としての一生を全うしたい」と、追手に見つかる日を待ちわびていた。やがて追手との果たし合いの時、左内は「待っていたぞ」と初めて相好を崩し、自ら追手に討たれる。いずれのエピソードでも描かれているのは、剣術へのファナティックな情熱に囚われてしまった者たちの宿業であり、その結果として訪れる悲劇的な末路である。そして、いち早くそこから脱して、家族を愛し季節を愛でる小兵衛だからこそ、そんな剣客たちの救われない情念を受け止め、結末をつけてやることができるのだろう。

どうにもならない運命に翻弄される剣客たちと彼らを優しく包み込む小兵衛。人生の辛酸を知り尽くした者同士の黄昏の中での触れ合いと、そのほんの一瞬の温かさ。そんな魅力に包まれた作品だった。

◆『壬生義士伝～新選組でいちばん強かった男～』（テレビスペシャル　2002年）

放送局：テレビ東京／プロダクション：松竹／監督：松原信吾、長尾啓司／脚本：古田求／原作：浅田次郎／出演：渡辺謙、高島礼子、柄本明、伊原剛志、金子賢　ほか

《解説》飢餓に苦しむ南部藩にあって家族を養うために故郷を捨て、新選組に入隊した吉村貫一郎の物語だ。家族に仕送りするため、吉村は周囲から「守銭奴」「出稼ぎ浪人」と蔑まれながらも、規則を犯した隊士の首切りをはじめとする給金の多い汚れ仕事を平気な顔でこなしていく。やがて、「絵に描いたような美しい国でごぜえます……」と、故郷や家族への想いを切々と語る吉村に感じ入り、隊士たちの中からも理解者が現れていく。

渡辺謙演じる朴訥（ぼくとつ）とした吉村も魅力的だが、彼を取り巻く隊士たちもまた、心温かく優しい人間たちばかりだ。物語の終盤、病床の沖田総司（金子）が吉村に語りかけた台詞がそれを象徴している。「どうなっても、僕は少しも構いませんがね。吉村先生、あなたは考えなさいよ。大事な家族がいるじゃないですか」「大好きだったんですよ、そんなあなたが。僕だけじゃありません。勇さんも歳さんも……みんな分かっ

てるんです、あなたのこと」

　そんな人々の想いが美しく交差するのが、新選組と吉村の最後の戦いと別れが描かれる「淀の戦い」のシーンだ。薩長の新式銃の前に次々と倒れていく隊士たち。吉村は新選組の退路を確保するため、単身で敵陣へ斬り込もうとする。だが、永倉新八（遠藤憲一）がそれを必死に止めた。「吉村、逃げろ！　逃げて、南部の妻と子供の元へ帰れ！　死ぬのは俺たちだけでたくさんだ！」「妻と子供を救ったのが新選組なら、その妻と子に生きて会うことが貴様の義じゃ！　新選組の義じゃ！　犬死にすることじゃない！」。それでも躊躇（ちゅうちょ）する吉村の後を押したのは、吉村の生き方を最も否定してきた斎藤一（竹中直人）だった。「押し通せ、最後まで押し通すんだ！」。全てを失おうとしていた新選組にとって、吉村とその家族の行く末こそが最後の希望となる。

　彼らの想いに押され、吉村は隊を離れる。そして、かつては「脱藩者」の汚名を着て故郷を捨てた男が、今度は「死に損ない」の汚名を着て帰参を申し出る。全ては、家族にひもじい思いをさせないため。天下国家のためでも主義主張のためでもない。家族のために命を懸けることこそが「義」。それを貫く男がいて、理解する仲間がいる。本作の新選組は、そんな温かい場所だった。

◆『鬼平外伝　夜兎の角右衛門』（テレビスペシャル　２０１１年）

放送局：時代劇専門チャンネル／プロダクション：松竹／監督：井上昭／脚本：金子成人／原作：池波正太郎／出演：中村梅雀、中村敦夫、石橋蓮司、荻野目慶子、平泉成　ほか

《解説》主人公の盗賊「夜兎の角右衛門」を演じるのは中村梅雀。角右衛門は「貧しきからは奪わず」「人を殺さず」「女を犯さず」を看板に率いてきた本格派の大盗賊だった。が、子分の不始末の責任をとって自首をし、人足寄場に送られて同業の人間の悲しい末路を目にするうちに、自らの看板を虚しく思うようになる。そして、いつしか盗賊改めの密偵になってかつての仲間を売るようになっていた。

圧巻はそんな彼の許に、先代からの一の子分だった「前砂の捨蔵」が訪ねてくる場面だ。捨蔵を演じるのは、当代最高の脇役の一人・石橋蓮司。梅雀も石橋も、互いに作り込んだ芝居を得意とする。が、その質は少し異なっている。アングラ劇出身の石橋は一瞬の鋭い切れ味でアウトローの屈折を表現する。一方の梅雀は、前進座歌舞伎出身ならではの朗々たる情感のこもった節回しで、長台詞を飽きることなく聞き入らせることができる。このシーンでは、そんな二人の特性が十二分に活かされた芝居が

展開される。

勘づいた捨蔵に、角右衛門は全てを話す。「盗人なんざ、人間の屑だ。手前の弱さやあさましさを隠そうと看板掲げて見栄を張り、意気がって……とことん落ちて、追いつめられたらあっさり剝がれるようなやわな看板背負ってたんだ」。捨蔵は、体を震わせながらも、黙って聞く。その様子に不穏な緊張感が走る。

薄暗い夜の居酒屋で二人の男の人生が静かに交錯するこのシーンを、井上昭監督は五分間にも及ぶ長回しにより、一カットのみで撮り上げている。途中で絶対にミスの許されない状況をあえて作る井上演出に引き出されるように、ここから石橋蓮司が凄まじい芝居を見せる。梅雀の話を聞いている間、石橋は顔を上げず、ジッと俯いたまま感情を殺している。そして、長回しの最後、初めて顔を上げ、こう吐き捨てる。

「夜兎の看板の下でお盗め(つとめ)を重ねたあっしたちは……何だったんだろうねえ……！」。自分が生涯を懸けて仕えてきた者に、自分が生涯を懸けて誇りにしてきた「看板」をあしざまに否定される……怒り、憎しみ、悔しさ、悲しさ、そして情けなさ……複雑に入り混じった老盗賊の切ない心情が、泣いているかのように震えて消え入りそうな、それでいて揺るぎない強さをもった石橋の声には、完璧に表現されていた。

第三章

個人的な趣味で選んだ35本

■『天晴れ一番手柄　青春銭形平次』（映画　1953年）

製作：東宝／監督：市川崑／脚本：和田夏十、市川崑／原案：野村胡堂／出演：大谷友右衛門（後の四代目中村雀右衛門）、伊藤雄之助、伊豆肇、杉葉子　ほか

《解説》お馴染みの岡っ引き・銭形平次が初めて手柄を立てて江戸で評判になるまでの、今でいう「エピソード・ゼロ」を、若き日の市川崑が描き出した青春コメディ。序盤から徹底して脱力感あふれるギャグ描写がテンポよく重なっていく、時代劇というジャンルそのものをパロディ化したような内容になっている。

冒頭から、いきなり驚かされる。現代を舞台にギャングの乗る車が猛スピードで走り抜け、そして大破。「えっ！」と驚いているところに、「ごめんなさい、間違えました」というナレーションが入るのだ。それで、ようやく本題の江戸が映し出される。

そんなスタートの作品だから、主人公の平次も全くヒロイックではない。

まず、仕事がない。十手を預かる岡っ引きといっても、ほとんど事件に関わらせてもらえず、奉行所や世間からは邪険（じゃけん）に扱われ、ひたすら家で悶々としている。で、一人で「御用だ！」という練習をしたり。トレードマークである「銭投げ」も家で練習

するのだが、その投げた銭を回収するため地面を這いつくばって拾い集める。その惨めな姿、観ていて切なくなってくる。

そこで編み出したのが、ヨーヨーの要領で銭に紐をつけ、投げても戻ってくるという方法。これで悪党たちを痛めつけていくのだが、一枚だけ紐が外れて悪党たちの真ん中に飛んでいってしまう。で、それを拾いに行くのが子分の八五郎。これを伊藤雄之助が演じていて、終始ボケッとしている。銭を拾いにいく際も、敵に囲まれているにもかかわらず、夢中になって銭を拾い続ける。しかも、平次は平次で思い切り臆病なので、何も手出しできない。

最後に大手柄を立ててメデタシメデタシとなるのだが、そこにいたるまでの流れも、実に抜けている。全くひょんなことから事件の黒幕にたどりつき、平次当人はまだそのことに気づいていないのに早合点した相手に襲いかかられ、逃げまくっているうちに奉行所の捕り方も加わっての大乱闘に。で、いつの間にか大手柄。オチも冴えている。

市川崑の喜劇センスの見事さに浸れる作品だ。

■『鳳城の花嫁』（映画　１９５７年）

製作：東映／監督：松田定次／脚本：中山文夫／出演：大友柳太朗、三島雅夫、長谷川裕見子、志村喬、中原ひとみ　ほか

《解説》冒頭に「天下太平の頃の物語である」とわざわざテロップが出ていることが示すように、殺伐さの全くない、徹底して大らかで明朗な時代劇だ。内容は一言で表すと『ローマの休日』の日本版。父親から嫁取りを勧められるものの誰一人として満足のいかない若殿（大友）が無断のお忍びで自ら江戸に出て花嫁を探すことになり、そのために巻き起こる騒動が描かれている。

とにかくこの殿様、武勇には優れているものの普段はおっとりとした性格で、城からほとんど出ることなく育ったものだから、全くの世間知らずなのだ。そんな若殿を大友はいつも間抜けにすら見えるほどのアッケラカンとした感じで演じているため、本作は時代劇で屈指とも言えるコミカルさを醸し出すことになった。城から出る時から、いきなり笑わせてくれる。城下に溶け込むような変装など全くせず、城内にいる時の煌びやかな服装のまま、しかもノシノシと堂々とした足取りで歩くのだ。そのた

め、田園風景の中では浮きまくるし、周囲から奇異の目で見られてしまう。

若殿は城内で甘やかされて育ったため、人を疑うことを知らない。だから、ヤクザたちの口車に乗せられる形で用心棒稼業をすることになった。しかも、金銭感覚がまるでないため、とてつもなく安い賃金で働かされてしまう。

そんなことをしつつ、若殿はようやく見初める女（長谷川）と出会う。すぐに両想いになる二人だったが、その逢い引きの場でも若殿は間が抜けており、女を呆れさせると同時に観客を笑わせてくれる。星を見ながら、肩を抱いて見つめ合うのだが、若殿は突然「そなた、タコは好きか？」と聞いてしまう。若殿はタコが大の苦手で、結婚するならそのことを確かめたいと思ったのだ。が、いくらなんでもタイミングが悪い。ムードをブチ壊された女は「タコは好きです」と言って去ってしまう。そのことを真に受けた若殿は必死にタコを食べようとし、そのたびに悶え苦しむ。

そして挙句には、再び女とロマンチックな雰囲気になるものの、吐き出したタコを右手に握りしめたままだったため、くちづけしようとした際に女の眼前にタコが現れることになって、悲鳴をあげて逃げられてしまうのだった。

■『旗本退屈男　謎の蛇姫屋敷』（映画　1957年）

製作：東映／監督：佐々木康／脚本：鈴木兵吾、佐々木康／原作：佐々木味津三／出演：市川右太衛門、北大路欣也、山東昭子、堺駿二　ほか

《解説》東映時代劇の特徴は、完全無欠のヒーローによる勧善懲悪の物語、豪華絢爛なセットや衣装に彩られた映像……とにかく単純明快で煌びやかな世界が展開されるのである。これは、そうした東映時代劇の特色が凝縮された作品といえるだろう。

東映時代劇黄金期を代表する大スター・市川右太衛門の代名詞的な役柄といえる「退屈男」こと早乙女主水之介が、必殺の「諸刃流正眼崩し（もろはりゅうせいがんくずし）」をもって悪を斬る人気シリーズの二十二作目だ。

将軍暗殺を企む大老一味に対して主人公が正義の剣で挑んでいくという物語自体は、取り立てて語ることはない。驚くべきは、その映像ビジュアルだ。シリーズ初のワイドカラー作だけあって、どのカットも広大なセットに色鮮やかな衣装や小道具がちりばめられ、余すことなくド派手なのである。江戸の情緒を重視しがちな近年の時代劇を見慣れてきた今の観客の目には、かえって新鮮に映るはずだ。

特に、右太衛門の衣装。ほぼ一シーンごとに着替える上に、その全てが女物を仕立て直した柄物の華麗な着流しなのだ。そのためいつも物凄くカラフルで、自らの屋敷にいる際の普段着からして全身に花が配されていたのを皮切りに、夜陰（やいん）に紛れて敵地に乗り込む際も、旅に出た道中でも、リアリティなどお構いなしに右太衛門は色とりどりの衣装を着続けた。そんな変化に目を奪われているうちに、次はどんな衣装で登場するかが楽しみになり、単純すぎる展開など気にならずにアッという間に時間が過ぎる。本作は、右太衛門のファッションショーを楽しむ映画でもある。

圧巻は最終決戦の場面だ。右太衛門は、連獅子の真っ赤な鬘（かつら）を被り、赤に金色の配された光り輝く着物を身にまとって登場。一通り舞い踊って戦いの段になるとそれを脱ぎ捨てる。すると下からは白地に水色、空と雲の柄が配された、これまた鮮やかな衣装が現れるのだ。その変化の壮麗さに、思わず拍手したくなった。

細かいことは気にせず、大スターの織り成す現実離れした世界の美しさに浸る――。文字通り、「時代劇黄金時代」ならではの楽しみ方だ。

■『暗殺』（映画　1964年）

製作：松竹／監督：篠田正浩／脚本：山田信夫／原作：司馬遼太郎／出演：丹波哲郎、岩下志麻、木村功、佐田啓二　ほか

《解説》丹波のミステリアスな怪しさを存分に楽しめる一本だ。

舞台は幕末、丹波が扮するのは実在の人物である主人公・清河八郎。この清河という男、当初は倒幕派の剣士であったが、幕府に寝返り、さらにまた倒幕に転じる……と、行動の真意が全く読めない。それでいて、その時その時に吐き出される理想論は胡散臭いが、なぜだか説得力だけはあった。

その姿は、まさに丹波哲郎そのものだ。実際、篠田正浩監督自身も「丹波哲郎というキャラクター自体が詐欺師っぽかったから、清河とピッタリだと思った」と配役の狙いを語っている。

本作は、清河に一敗地にまみれて復讐をたくらむ剣士・佐々木只三郎（木村）が清河の弱点を探るべく、清河の人間性をさまざまな周辺の人々から聞き込み、彼らが清河との出来事を振り返りながら、彼がどんな人間だったかを探る構成になっている。

が、エピソードが積み重なっていけばいくほど、一貫性の無さが際立ち、実体は見えない。

だからと言って、ただの謎めいた詐欺師として描かれているわけではない。物語が進むにつれて彼の抱える情念が明らかになっていくのだが、丹波はそんな清河の内面を巧みに掘り下げて演じているのだ。中でも「俺がなぜ職にありつけぬ！」と苛立ったり、初めて人を斬った後で恐怖に怯えながら女の身体を求めたりと、威風堂々たる外見から一転しての弱々しい姿は鮮烈だった。

圧巻の場面が終盤にある。清河は倒幕派浪人掃討を目的に、「浪士隊」を結成して京都に向かう。が、その途上で佐幕からの転身を宣言。抜き身の刀を手に、いきり立つ浪士たちを自信満々に説き伏せるのだが、事が成就しても指先の力が抜けず、刀を自力で手放すことができなくなっていた。

この時の丹波は、表情は余裕を保ちつつ指先だけは強張った緊張感にあふれている。その姿には、繊細な感情表現をしてのける名優としての演技力を垣間見ることができた。

■『剣鬼』（映画　1965年）

製作：大映／監督：三隅研次／脚本：星川清司／原作：柴田錬三郎／出演：市川雷蔵、姿美千子、佐藤慶、五味龍太郎　ほか

《解説》三隅研次監督は剣をカメラマンに撮らせる際、ほとんどといっていいほど、舐めまわすようにその煌めきを捉えているのだ。まるで女体を愛でるエロチックな目線にさえ思えるほどだ。そのことが、映像に妖気を与え、作品世界を異様に映し出させることになっていく。

本作も、三隅の剣への異常な愛情が色濃く伝わる作品だ。

主人公の斑平（はんぺい）（市川）は狂死した奥女中とその飼い犬の間に生まれた子として、蔑まれて育ってきた。それでも心優しき斑平は花作りに勤しみ、その腕前を買われて城中に仕えるようになる。だが、やがて剣の魔力に憑かれ、藩の重役（佐藤）の命令で暗殺者へと仕立て上げられて、次々人を斬っていってしまう。

斑平が剣に魅了されていくプロセスの描写が、凄まじい。

まずは剣との出会いが描かれる、物語中盤。斑平は林の中で浪人（内田朝雄）の居

合いの稽古を目撃する。浪人は蝶を真っ二つに斬り、そして刀を納めてはまた抜き、斬る。三隅は、この場面で細かくカットを割り、抜いた剣の切っ先や納刀の際の刀身が一々アップで映し出される。そして、その度に剣が妖しく光るのだ。艶めかしい輝きは、まさに魔性。囚われていく斑平の気持ちが理解できた。

その後、斑平は心ならずも師を斬ってしまい、一度は剣を折るのだが、周囲の蔑みは強まるばかりで、その苛立ちから再び剣を手に取る。

斑平が訪れた先は、曰くつきの剣ばかりが奉納された祠だった。ここで斑平は「最も不吉な剣」と忌み嫌われる妖刀を抜き、この刀に導かれるように再び狂気の世界へ……。

「この刀が潜めている妖気に打たれました」斑平が妖刀に魅かれる心情描写を、多くの監督はこのセリフだけで済ますことだろう。だが、三隅は違う。斑平が抜いた時、剣はひときわ輝き、その光は斑平の顔に強く反射、瞳が異様な煌めきを放つ……という、これまた慈しむような粘っこいカット割で剣の閃光を映すことで、その「妖気」をも映像化してのけているのである。

■『暴れ豪右衛門』（映画　1966年）

製作：東宝／監督：稲垣浩／脚本：井手雅人、稲垣浩／出演：三船敏郎、乙羽信子、佐藤允、田村亮ほか

《解説》戦国時代の加賀を舞台にした、スケールの大きな娯楽時代劇である。

三船敏郎の演じる主人公・豪右衛門は隣国の大名たちから集落の独立を守るために戦う土豪。この男に率いられた軍勢は、大半が武装した農民たちであるにもかかわらず連戦連勝、戦いのプロであるはずの武士たちを圧倒し続ける。それだけのことをしてのける男だと納得できるだけの軍神ぶりが、全編にわたり三船の一挙一動に宿っていた。

冒頭から凄まじい。「侍をぶっころせ！」という周囲の空気を圧する掛け声を放ち、自ら先頭に立って大軍を率いる豪右衛門。この時の三船は鬼気迫る表情で馬を自在に操りながら片手で長大な薙刀（なぎなた）を振り回し、馬上から敵をバッタバッタと斬り伏せていくのだ。その姿は、まさに「豪傑」という名にふさわしい。村に戻ってきてからも豪傑そのもの。厳つい面構えと豪快で朗らかな笑顔、そして喜怒哀楽を全身で表現する

可愛げ——その暑苦しいまでの勇ましさ、戦記小説からそのまま抜け出してきたかのよう。

物語は、土豪たちを滅ぼそうとする越前の大名・朝倉氏との対立を軸に進む。ここで立ちはだかってくる朝倉の軍師を演じる西村晃がまたいい。とにかく知的でクール。そして憎々しい。何から何まで三船と対極的で、その冷徹な存在が豪右衛門の荒武者ぶりを一段と際立たせていた。

これだけの男を成り立たせる、作品世界のスケール感も素晴らしい。冒頭の合戦シーンでの物凄い人馬の数と躍動感。ロングショットや俯瞰(ふかん)で全体像を映せるほどの大規模で建てられた村落や砦のセット。そして、吹きすさぶ砂塵。それらを背景に三船=豪右衛門が鬼の形相で暴れまくるのだから、その映像たるや、もうとてつもないド迫力の大スペクタクルになってくる。

その一方で、人情ドラマを得意とする稲垣浩が監督しただけあり、豪右衛門とその弟たち（佐藤允、田村亮）との葛藤もしっかり描かれていて、それがドラマの重要なスパイスになっていた。弟たちを厳しく育てようとする豪右衛門の様は厳然としているだけでなく、その裏側の真心も伝わる。さすが、三船だ。

■『牙狼之介　地獄斬り』（映画　1967年）

製作：東映／監督：五社英雄／脚本：鈴木則文、大野靖子／原案：五社英雄／出演：夏八木勲、西村晃、楠侑子、中谷一郎、天津敏　ほか

《解説》当時まだ新人だった夏八木勲と、後に盟友関係となる五社英雄監督が初めてタッグを組んだシリーズの二作目だ。夏八木の演じる賞金稼ぎ・狼之介は髷（まげ）も結わず髭が顔全体を覆い、上半身もほとんど裸というワイルドそのものの風貌をしていて、いかにも強そうだ。

が、その外見に期待して本作に接してみると、意外な感想を持つことになる。というのも、ここでの狼之介はあまり強くないのだ。それを象徴する場面がある。今回の敵である金山の山師（天津）一党にあっさりと捕まってリンチを受けると、禿鷹の飛び交う荒野に吊るされてしまうのである。為す術のない狼之介のところに、以前に命を助けた狂女（藤留美子）がやってくる。助けを求める狼之介だったが、敵の見回りがやってくると途端に女をせかし出し、「早く！　早く！」と情けない声を上げてしまう。

そんな狼之介に代わって見せ場を持っていくのが、西村晃が扮する浪人・孫兵衛だ。西村と言えば、狡猾（こうかつ）な悪役や気弱な脇役などの印象が強いが、本作では普段は見せない一面を見せてくれる。とにかくカッコいいのだ。

自分のことを騙して役人に売った山師たちのことが許せない孫兵衛は、ひたすら彼らへの復讐に燃える。そして、吊るされて動けなくなっている狼之介をヨソに単身でアジトに潜入、雄叫びを上げながらの大立ち回りを繰り広げ、次々と斬り伏せていった。

強いだけではなく、女にもモテる。孫兵衛に惚れきった女（葵千代）がいて、足場の悪い荒野だろうがどこまでも付いてくる。それでも孫兵衛はいたってクール。ほとんど無視して、たまに気が向いたら身体を犯し、そのまま放ったらかしにして去る。吊るされている狼之介を助けるのも孫兵衛だ。その上、女に甘さを見せて窮地に陥った狼之介に対して「甘いなあ、牙狼之介の名が泣くぜ」「いいかげん目を覚ませ」と言い放つ姿を見ていると、もはやどちらが主人公なのか分からなくなってしまう。

勇猛果敢、沈着冷静、女にモテて腕がたつ——そんな西村晃の珍しい大活躍を堪能できる作品だ。

■『十一人の侍』（映画　1967年）

製作：東映／監督：工藤栄一／脚本：田坂啓、国弘威雄、鈴木則文／出演：夏八木勲、里見浩太郎（現・里見浩太朗）、大友柳太朗、佐藤慶　ほか

《解説》DVDのパッケージからして破壊力がある。雨の中を物凄い形相で闘ったり叫んだりしている血まみれの侍たちの群れ——という不穏さだ。

そして、なんといっても主演が凄い。あの、夏八木勲なのだ。厳つさ、暑苦しさを全身から漲らせる男だ。そんな夏八木が激しい気持ちを絶えずたぎらせて全編を芝居し通しているものだから、徹頭徹尾、男臭い世界が展開された。

時は江戸後期。忍藩の藩主が隣国の館林の藩主・松平斉厚（菅貫太郎）の暴虐によって殺される。忍藩の家老（南原宏治）は幕府に訴え出るも、斉厚は将軍の弟であるため握りつぶされ、逆に忍藩がとり潰されることに。理不尽な裁定に怒った家老は藩随一の剣の使い手・隼人（夏八木）に斉厚暗殺を命じる。隼人は十一人の暗殺部隊を結成して、斉厚に迫っていく。

——字面にするだけで蒸し暑い空気が伝わってくる物語設定だ。

それを彩るのは、南原、里見浩太朗、西村晃、近藤正臣、青木義朗——、夏八木に負けじと、怒りでギラついた目、目、目、だった。そして、彼らのド迫力の目は、集団時代劇の名手・工藤栄一監督の手によって一つの情念として結集し、最終決戦として壮絶なうねりを巻き起こしていく。

十一人は、江戸の帰りに農家に逗留する斉厚一行を急襲する。その殺陣は十分以上にわたって、人間の顔が見えないほどのおびただしい雨の中で行われる。

雨に容赦なく叩きつけられながら、彼らはのたうち回りながらひたすら刀を振り、ターゲットに追いすがっていく。声にならない叫びを上げながら泥まみれになって展開される殺陣からは、なにがなんでも斉厚を斬るという、彼らの必死の想いが伝わってきた。そのためには、なりふり構ってはいられないのである。

そして、大量の雨の中でも浮かび上がる、役者一人一人の強烈な目が、その想いにさらなる説得力を与えて、観る者の心を熱くさせる。

■『ひとり狼』（映画　1968年）

製作：大映／監督：池広一夫／脚本：直居欽哉／原作：村上元三／出演：市川雷蔵、小川真由美、長門勇　ほか

《解説》雷蔵が演じるのは、「人斬り」の異名をもつ凄腕の渡世人・伊三蔵（いさぞう）。兇状を重ねていつも誰かに狙われているため、親分も子分も持つことのない一匹狼だ。人前で笑顔を見せることは決してなく、人を斬っては「今度もまた、この目の中に新しい卒塔婆を立てるのか」と寂しげにつぶやく。そんな孤独を背負った男は、まさに雷蔵にピッタリだった。

ただ本作は物語以上に、雷蔵の渡世人姿のビジュアルが作品世界そのものだという気がする。たとえば冒頭。伊三蔵は雪の山中で敵に囲まれ三度笠・道中合羽を纏いながら刀を抜く。この時の他を寄せつけない立ち姿のシルエットを観ているだけで、伊三蔵の研ぎ澄まされたストイックな生き様が伝わってくるのだ。雪の中に雷蔵が立っている。それだけで、もう言葉はいらない。彼の魅力を知り尽くす池広監督ならではの演出だった。

圧巻はラストの立ち回りだ。伊三蔵は、生き別れていた我が子の前で敵との死闘を展開する。ここでの雷蔵の殺陣が凄まじい。敵に槍で膝を突かれて苦しみもがく。それでも我が子に「よく見ておけ、これが人間のクズのすることだ」「坊主、見ろぉ！」と叫び、重心を失った身体を引きずりながら、ひたすら刃を振るいまくるのだ。

雷蔵の殺陣は腰が入りきっていないことが多く、時代劇ファンの間での評価は決して高くない。たしかにその様は不格好に映ることがある。だが、あらん限りの感情をほとばしらせながら、身体全体に浴びせかかるように相手に斬りかかる様は、観ていて思わず感情を揺さぶられずにはいられなくなる。この苛烈さこそが、雷蔵の殺陣の真骨頂である。同時に、本作が亡くなる前年の作品で、既に死に至る大病を患っていたことを踏まえて接すると、鬼気迫るその芝居には幽玄なまでの悲壮美すら感じられてしまう。文字通り命を懸けた、雷蔵の役者魂に震える。

その想いはラストシーンに、より切なく迫ってくることになった。「あいつは死ぬようなヤツじゃねえ」。伊三蔵と旅を続けてきた渡世人の孫八（長門）は哀しげな顔で語る。その言葉を背に、伊三蔵は雪の中へと消えていき、物語は終幕となる。後で実際に雷蔵に起きた運命がどこかオーバーラップしてくるようだった。

■『眠狂四郎 人肌蜘蛛』（映画 1968年）

製作：大映／監督：安田公義／脚本：星川清司／原作：柴田錬三郎／出演：市川雷蔵、緑魔子、川津祐介、三条魔子、渡辺文雄 ほか

《解説》『狂四郎』シリーズが成功したのには、魅惑的な数々の台詞の果たした役割も大きい。

「お前のような女を見ると、俺のひねくれた無頼の欲情がそそられる。愛撫のさなかに殺すつもりなら、俺が先に殺す。明日になればお前に興味はない。明日は他人だ」

こういった独特の言い回しの観念的な台詞を堂々と書いてのける星川清司の脚本と、それを衒いなく、かといって臭くならずに吟じてしまう雷蔵のエロキューション力。これが合わさって初めて、「狂四郎」はその独自の生命を得たと言える。

その極致とも言えるのが、シリーズ十一作目の本作だ。「狂四郎」の世界を思いきって中世ヨーロッパに見立ててはどうか。「ボルジア家の兄妹」を狂四郎と絡ませたら……。残虐な兄・チェーザレと淫蕩（いんとう）な妹・ルクレティア。伝説的に語られてきたこのイタリア貴族の兄妹は、あまりに魅力的だった。星川は、これを題材に書いた。

本作の悪役は将軍の落とし胤で、ある村の森に大きな屋敷を構える土門家武（川津）とその妹・紫姫（緑）の兄妹。兄は村人を連れ去っては弓で射殺すことで毎日を過ごすサディスト、妹は持病の頭痛が起きると髪をとかしていた侍女を簪でメッタ刺しにして殺す癇癪持ちである。特に終盤、狂四郎と紫の対峙するシーンの台詞の淫靡な応酬は凄まじい。紫は狂四郎に自分と同じ「生き血の臭い」を感じ、誘惑してくる。「下劣さでは黒ミサもそちらにかなうまい」と蔑む狂四郎にも、紫は「悪魔より私が上とは喜ばしい」と動じない。すると紫は「狂四郎、私の肌を見て、そなたの目が少しでも燃えたら、私の勝ち。意のままになろうな」と裸になり、誘ってくる。が、今度は狂四郎が「そんな眺めには慣れている。他に趣向はないのか」と突き放す。逆上した紫は家来たちに狂四郎を斬らせようとするが、一蹴されてしまう。

その上で狂四郎は紫を見下しながら、抱く。「外では烏が屍肉を喰らい、十字架に架けられた死人の前で死神を抱く。お前と俺と、二人で招いた宴だ。狂い叫ぶがよかろう」

雷蔵と星川の紡ぎ出す世界はもはや日本映画の枠を飛び越え、イタリア映画的な退廃芸術の様相すら呈し、エログロを超えた崇高な美しさを醸し出している。

■『徳川いれずみ師　責め地獄』（映画　1969年）

製作：東映／監督：石井輝男／脚本：掛札昌裕、石井輝男／出演：吉田輝雄、小池朝雄、橘ますみ　ほか

《解説》六〇年代末期、東映は突如として成人指定のエロ時代劇の製作を始めた。しかも一連の映画は「異常性愛路線」と名づけられ、女性たちが残酷な責め苦にひたすら遭い続けるサディスティックな作品が連発されていく。本作は、この路線をほぼ一人で牽引（けんいん）していた石井輝男監督による、文字通り「異常」な作品である。

舞台は元禄時代の売春宿。そこでは刺青を彫り込まれた女たちが売られており、刺青師・彫秀（吉田）と彫辰（小池）は互いの技を競う。美しい女体へ自らの作品を刻むことに取り憑かれた両雄を軸に、物語は展開される。

だが、見ているうちに二人のことはどうでもよくなってくる。全編を貫いているのは、女たちの悲鳴と喘ぎ声が響く血まみれの地獄絵図。止めどなく流れてくる残酷美の映像に圧倒されているうちにその暗黒の虜になってしまうのだ。

磔（はりつけ）や鋸（のこぎり）引きで次々と女囚が処刑されていく阿鼻叫喚のタイトルバックに始まり、

縛られ、吊るされ、犯され、そして死ぬ。そんな女たちの悲惨な描写が続く。彼女たちには誰一人、笑顔はない。女郎宿、墓場、長崎のスラム……、セットは全て迷宮のように入り組んでいて、女たちを覆う逃げ場のない絶望感を際立たせていた。

特に悲惨なのは由美（片山由美子）だ。男に犯されて妊娠してしまうが、そのために男の情婦でもある宿主の年増女に嫉妬され、股間に貞操帯（施錠付きの下着）を嵌められる。なんとか子供を産みたいと思うも、ようやく手に入れた鍵は折れてしまう。挙句、磔にされて海に流され、「海上火炙りの刑」に処せられる。

何の救いもない狂気のパノラマが延々と続くかと思いきや、石井輝男の映画には――物語の脈絡とほとんど関係ないにもかかわらず――時折とてつもないお笑いシーンが出てきたりするから、さらに驚かされてしまう。その役割を果たしたのが由利徹と大泉滉の二人で、両名は本作にも登場している。しかも、女囚の役で。女装ではなく、女性の役だ。それだけではない。二人の声は女性の声優が当てているものだから、観ていて頭が混乱してくる。

コメディリリーフの場面すら狂っている作品だった。

■『新選組』（映画　1969年）

製作：東宝／プロダクション：三船プロダクション／監督：沢島忠／脚本：松浦健郎／出演：三船敏郎、小林桂樹、北大路欣也、三國連太郎、司葉子　ほか

《解説》主演はもちろん近藤勇を演じた三船だが、これは謹厳実直な人間として描かれているため、キャラクターとしての影は薄い。

前半を引っ張ったのは近藤と並ぶ局長で、その傍若無人な暴れ方のために粛清されてしまう芹沢鴨だ。これを演じるのが三國連太郎。その全身から発せられる得体の知れない狂気は、どう立ち向かっても歯が立たない存在感を示し続けた。

この芹沢は、普段は堂々としており、頼りがいのあるリーダーだった。が、自らの立場のプレッシャーに耐えきれなくなり、酒に逃げる。そして、酒が入ると途端に変貌してしまう。三國の酔ってからの暴れ方が強烈だ。火をつけるわ、女を犯すわ、乱行三昧をノリノリの芝居で展開していった。だが、三國の本領発揮は酒が抜けた時の芝居だった。酒がない時は途端に気弱になるのである。そんな芹沢に対し、近藤は酒をやめるように諭す。想いを理解しながらも酒から逃れられない芹沢は涙ながらに弱

音をつぶやく。

「俺は局長なんてできる器じゃねえんだよ」「死んだほうが楽だ……」。そして泣きながら情婦の体を求め、その最中に近藤により「粛清」されてしまう……。

一方、後半の中心人物となるのは土方歳三。演じるのは小林桂樹だ。土方は、隊の規律を守るために掟を守ることを徹底する。そのためには、結成以来の仲間で他の隊士に慕われている幹部たちでも、法度に違反すれば容赦なく「粛清」していった。そして、「隊士は局長や副長の人形じゃない」と言われ思い悩む近藤に、言い放つ。「批判、憎しみ、呪い、大いに結構。隊士を引きずっていくためには血と涙はいらん。凍った血で結構！」

そうヒステリックにまくしたてる小林の表情には、一分の隙もない。己の信念のためあえて非情に徹しようと覚悟した男の、明らかに一線を越えた姿がそこにはあった。

人間的でありすぎたために、自らの立場の重みに潰されていった芹沢＝三國。自らの立場を全うするために、人間であることを捨てた土方＝小林。両名優がスクリーンからほとばしらせ続けた狂気により、「組織を率いる」ことの恐ろしさが生々しく伝わってくる。

■『徳川セックス禁止令　色情大名』（映画　1972年）

製作：東映／監督：鈴木則文／脚本：掛札昌裕、鈴木則文／出演：サンドラ・ジュリアン、杉本美樹、三原葉子、女屋実和子、名和宏、山城新伍　ほか

《解説》女嫌いな武辺者（ぶへんしゃ）の殿様（名和）が徳川の姫（杉本）を嫁に迎えることになり、家臣たちはなんとかして殿に女体の素晴らしさを教えて「女好き」にしようとする。そこで殿は、南蛮貿易を行う博多屋（渡辺文雄）に預けられることになった。「フランス人形」と呼ばれる白人美女（サンドラ・ジュリアン）との痴態が次々と展開されるのだが、西欧の宮殿風にデコレーションされた部屋を舞台に、シャンソン風のBGMに乗りながらソフトフォーカスで映し出されているため、時代劇というよりはヨーロッパのポルノ映画のような少しおしゃれさすら漂う画面になっているのが面白い。

問題は、無事に性の喜びに目覚めた殿が、「自分が知らないうちにこんな楽しいことを下々の者はやっていたのか」と腹を立て、性交を禁止するお触れを出してしまったことだ。城内の侍も城下の町人も性器に封を貼られ、毎朝それを役人がチェックしていく。そして、禁令を破った者は性器を切り落とされることになり、刑場は阿鼻叫

喚に包まれる。城内の侍たちも悶々として鼻血を流してばかりで、仕事が手につかない。

殿を諫(いさ)めるため、近習(きんじゅう)の侍はあえて殿の前で婚約者と交わるが、かえって逆鱗に触れてしまう。そして、殿は女の方に切腹を申しつけるのだ。とにかく、この切腹シーンの残虐さとそれと表裏一体のエロチックさには驚かされる。女は胸元をはだけ、露わになった美しい肌に刃を突き刺し、腹を斬り裂く。鈴木則文監督は、その描写を一切省略することなく、ジックリと映していく。しかも、血まみれになって苦しみ悶える女性の表情が性交している時のそれのようにも見え、本来ならとんでもない地獄絵のはずが、欲情すら催させるものになっている。そのうえ、BGMが荒木一郎によるノーテンキさを感じさせる甘いシャンソンのため、残虐さが薄まってしまっているのだ。

サンドラが博多屋のサディスティックな責めに調教される描写も含め、背徳的でアブノーマルなエロスが全編を覆っているのだが、それを捉える鈴木監督の演出が徹底して陽性であるため、気軽に楽しめる仕掛けになっている。

■『無宿人御子神の丈吉　牙は引き裂いた』（映画　1972年）

製作：東宝／プロダクション：東京映画／監督：池広一夫／脚本：石松愛弘／原作：笹沢左保／出演：原田芳雄、中村敦夫、北林早苗、松尾嘉代、峰岸隆之介（後の峰岸徹）ほか

《解説》渡世人ものの時代劇は数多くあるが、ここまで荒々しく、そして殺伐とした作品は珍しい。そこは何と言っても、主役の渡世人・丈吉を原田芳雄が演じているということが大きいだろう。ギラギラした眼差し、全身から放たれるむせ返るような暴力の臭い……渡世人らしい暗い影を感じさせず、絶えず剝き出しの感情をほとばしらせている。

ただこの丈吉、ただの暴れん坊では終わらない。峠の茶店で高熱で倒れた折、女（北林）に介抱されているうちに情にほだされて結ばれるのだ。そして足を洗い簪職人になった丈吉は女と結婚して子供までもうける。子供と腕相撲をする丈吉、それを応援する妻……序盤とうって変わった、笑顔にあふれる家族団欒の様が繰り広げられる。

が、これは次なる暴力の伏線でしかなかった。以前から妻を狙うヤクザの親分（南

原宏治）に目を付けられた丈吉は一家に捕まってしまう。既に堅気になっているため喧嘩をしたくない丈吉はひたすら頭を下げる。が、聞き入れてもらえず、リンチを受けた挙句、ナタの峰で指を潰されてしまう。さらに、田圃に突き落とされ、小便までひっかけられる。泥まみれになり、ようやく帰宅してみたら、そこには惨殺された妻子の姿が……。

耐えに耐えてきた分、復讐の鬼と化した丈吉のギラつきは狂気に近いものになっていく。「ブッ殺す……絶対にブッ殺す！」。殺気だった眼光をほとばしらせながら、全く感情を抑えようともせず、一家を殺戮していった。

相手を倒して仁王立ちにまたがり、ノドに刃を突き刺してえぐる。いきなり何の口上もなく一家の屋敷に殴り込んで片っ端から斬りまくる……。丈吉はとにかく闇雲に刃を振りまわすものだから、相手も綺麗には斬られない。目や頬が斬られ、血まみれになってのたうち回るのだ。そして、最も憎い親分に対してはさらに凄惨な仕打ちをしている。何度も刺しまくった後、最後の一刀をジワジワと差し込んでいくのだ。

たとえ不格好でも、激しい怒りと憎しみ、その感情が痛々しいほどに伝わってくる、原田芳雄らしい殺陣であった。

■『新座頭市物語　折れた杖』（映画　1972年）

製作：東宝／プロダクション：勝プロダクション／監督：勝新太郎／脚本：犬塚稔／原作：子母澤寛／
出演：勝新太郎、太地喜和子、吉沢京子、大滝秀治、小池朝雄　ほか

《解説》シリーズ初の勝新太郎自身による監督作品だ。舞台となる銚子の漁師町では、ヤクザの万五郎（小池）が借金で漁師たちを縛り、逆らう者は容赦なく殺していた。そこに座頭市が暮らし始めたことで、両者は対立する。演出家としての勝の狙いは、「座頭市の脳内のビジュアル化」だった。目が見えなくとも、頭の中にはなんらかの具体的なイメージが浮かんでいるはず。それを映像化しようとした。勝が画面に叩きつけたのは、座頭市の頭に巣食う悪夢的イメージだ。老婆が吊橋から突然落ちて死ぬ冒頭に始まり、ヤクザたちに強制的に射精させられる知的障害の少年、ヤクザに頭を叩き割られて弟を殺された哀しみのあまりに海へ身を沈める女郎、万五郎に掌（てのひら）を潰され苦悶する座頭市、その血だまりに逆さに映り込む万五郎の微笑。死臭だけが支配する地獄絵図が、淡々と展開する。

「目の見えない男が想像した空間」を具現化するため、遠近感を狂わせ、ピントをぼ

かす。色合いもモノトーンを基調に赤を所々に混ぜ込み、尋常でない。全編を覆う不安定さは、観ていて酔いそうになる。この安らげる逃げ場のない世界こそが、勝の想定した座頭市の心象風景だったのだ。

銚子へやってきた市は、遊女・錦木（太地）を身請けする。この錦木を巡る二つの濡れ場に「勝監督らしさ」が滲み出ていた。一つは物語の中盤に訪れる。訪ねてきた若い間男と錦木は激しく求め合う。勝はこの場面を、ほとんどピントの合わない揺れ動く映像で映し出す。しかも全てがアップの画だ。むさぼり合う唇、男の身体に絡みつく女の両股、背中をまさぐる指先……。余計なものが映されることなく、男女の情欲の伝わるディテールだけが積み重なる。そうすることで、観ている側を官能の世界から抜け出させないようにする狙いがあった。

もう一つは、物語の終盤での市との濡れ場だ。市をヤクザたちに殺させるため、錦木は市に隙を作らせようと誘惑してくる。潮騒と海鳴りだけが支配する海辺の小屋で錦木は市に絡みつく。胸元に飛び込み、市の乳首を舐め、押し倒して耳を噛み、上に乗って豊満な肉体を揺り動かす。妖艶な太地の痴態は、簾越しに映されている。すると、観客は覗き見をしているような気分になり、劣情がより盛り上がる。

■『御用牙』（映画　1972年）

製作：東宝／プロダクション：勝プロダクション／監督：三隅研次／脚本：小池一雄（後の小池一夫）／原作：小池一雄、神田たけ志／出演：勝新太郎、田村高廣、朝丘雪路、渥美マリ　ほか

《解説》勝新太郎のヤンチャで陽気な、それでいて暴れん坊な、そんなチャーミングな一面を堪能できる作品だ。

勝が演じるのは江戸北町の同心・板見半蔵。とにかく正義感の強い一本気な男で、奉行だろうが与力だろうが、納得のいかないことには正面を切ってくってかかる。「じゃかあしいや！」「やれるもんならやってみやがれ！」。勝ならではの切れ味の良い口跡が活かされた、豪傑キャラクターだ。

物語は、半蔵が将軍側室の悪事に立ち向かっていくというもので、半蔵と側室直属の暗殺集団との死闘が大きな見せ場になっている。空手に柔術、さまざまな武器や仕掛けを駆使して凄腕の敵をなぎ倒していく半蔵のアクションシーンでは、勝のワイルドな魅力が遺憾なく発揮されていた。

が、この男の最大の武器は他にある。それは男根だ。

風呂場で熱湯をかけ、棒で叩き、米俵に突き――物語序盤、謎のトレーニング場面が五分以上にわたって繰り広げられる。それが何のためだったかは、少し後で判明する。劇中、二人の女が重要な証人として登場するのだが、その口を割らせるためだった。半蔵は女をさらい、自由の利かない体勢にさせて犯す。最初は女たちは抵抗する。だが、やがて鍛え抜かれた半蔵の男根の虜になり、問われるまま何もかもを吐いてしまうのだ。

考えてみると酷い話だ。だが、懸命なまでの男根トレーニング風景とその時の勝の真剣な眼差し、そして女を抱いている時の邪気のない勝のつぶらな瞳を見ていると、厭らしい不快感は不思議なくらい全くなくなる。それどころか、その野放図な少年のような勝の姿には、どこか可愛らしさすら覚えてしまうのである。

徹底して馬鹿馬鹿しい展開の作品ではあるが、それすらも力でねじ伏せて納得させてしまう。これぞ、勝新太郎だ。

■『ポルノ時代劇　忘八武士道』（映画　1973年）

製作：東映／監督：石井輝男／脚本：佐治乾／原作：小池一雄（後の小池一夫）、小島剛夕／出演：丹波哲郎、伊吹吾郎、ひし美ゆり子　ほか

《解説》丹波哲郎は殺陣の名手であった。剣道や槍術（そうじゅつ）などに長じており、刀を振る速さや重さ、構えた時の腰の据わり具合、そしてアクションとしての切れ味――いずれも一級品だったりする。それを活かして、フジテレビ『三匹の侍』などで荒々しいリアルな殺陣を見せた。

この『忘八武士道』でもまた、丹波の殺陣の見事さを堪能できる。

舞台は江戸時代の吉原。流れついた謎の腕利き浪人・明日死能（丹波）は遊郭の用心棒として雇われ、その利権を巡る争いに巻き込まれていく。

小池一夫の劇画原作を元に石井輝男監督が吉原の世界を映像化しただけあって、全編を下世話なまでのエロスとバイオレンスが貫いている。そうした中にあって、丹波一人だけ雰囲気が違う。長髪に白装束という身なりと、名前をそのままに表したような生気のない眼差しがマッチして、「われ関せず」と言わんばかりにニヒルでクール。

「生きるも地獄、死ぬもまた地獄」と、全ての事象を冷めた目で眺める様がなんともカッコイイのである。

そして、お待ちかねの殺陣はラストで存分に楽しめる。

死能は政治的な妥協の生贄となり、おびただしい数の吉原の忘八者（吉原を守る無頼の輩）と捕り方に囲まれ、狙われる。だが死能は、阿片でフラフラになりながらも迫りくる者どもを次々と斬り伏せていくのだ。

おぼつかない足下と裏腹に、丹波の眼光と切っ先は鋭さを増していく。その迫力あふれるたたずまいが、降りしきる雪の中で剣を振るうシルエットに美しさと力強さを与える。そして、彼に斬られた腕や首は物理的にありえない方向に飛ぶのだが、その無茶さも丹波の放つ圧倒的な迫力により、説得力をもたせられることになった。

劇画の世界の住人に徹頭徹尾なりきって、この世ならざるキャラクター性とアクションを表現してのけているのである。小池一夫―石井輝男―丹波哲郎。それぞれのパートで最強のハッタリの持ち主たちが集結した、最高のファンタジーだ。

◆『無宿侍』（テレビシリーズ　1973年）

放送局：フジテレビ／プロダクション：国際放映／監督：田中徳三　ほか／脚本：石川孝人　ほか／出演：天知茂、山崎努、宇津宮雅代、西村晃、露口茂　ほか

《解説》五社英雄監督が企画した、ハードボイルドな忍者時代劇だ。主人公のゲン（天知）と相棒の弥藤次（やとうじ）（山崎）は、いかなる困難なミッションをもやってのける凄腕の忍者だ。が、弥藤次は「影公方」と呼ばれる謎の存在に言われるがままに動くことに疑問を感じ始めていた。そんな折、ある仕事を終えた二人は帰り道で里（宇津宮）という女を助ける。弥藤次は女に一目惚れしてしまうが、次に与えられた仕事は里の父親を殺すことだった。思い余った弥藤次は組織を裏切り、里を救ってしまう。

ゲンに弥藤次追討の命令が下る。両者は互角の戦いを繰り広げるが、弥藤次は途中で戦いを放棄し、ゲンに斬られる。「お前は誰だ。なんのため、誰のために生きている？」。弥藤次はそう問いかけると、安らかな笑顔を浮かべて死んでいった。それを受けて今度はゲンが悩み始める。自分は何者なのか、自分たちを意のままに操る影公方とは何者なのか、と。そして、誤って影公方の配下を斬ってしまったことで彼もま

た「抜け忍」となる。毎回の冒頭は、頭に頭巾をかぶり、顔を覆面で隠した影公方が「抜け忍の掟は死！」という不気味な響きと共にスタートするのだが、その言葉の通り、ゲンには組織からの執拗な追手が放たれることになる。これが初回のあらすじで、以降の回では組織の追手からの襲撃と戦いつつ、行く先々の人々との絡みが繰り広げられていくことになる。

とにかく、キャスティングが秀逸である。天知・山﨑に加え、彼らを支配する組織の長に西村晃、彼に言われるがままゲンを追う忍者に露口茂……と、ハードボイルドな世界観を表現するのにこの上ないメンバーが揃う。

毎回のゲストもそれは同じで、中でも第六話に登場する岸田森は素晴らしかった。彼の役柄は、ゲンと生き別れになった弟なのだが、その貧しい生い立ちを惨めに思うあまり、麻薬の売人に身を落としてしまう。両者は互いに兄弟とは知らずに戦い、弟は最後は兄に斬られてしまうのだが、「兄さんがいたら、俺はもっと違う生き方ができた……」と死んでいく様からは、互いに理不尽な運命に翻弄された兄弟の宿業が切なく迫ってきた。

◆『風の中のあいつ』（テレビシリーズ　1973～74年）

放送局：TBS／監督：田中徳三　ほか／脚本：杉山義法　ほか／原作：子母澤寛／出演：萩原健一、前田吟、下條アトム、米倉斉加年　ほか

《解説》清水次郎長が主人公の作品に相手役として出てくるのが、同じくヤクザ者の「黒駒の勝蔵」。本作は、その勝蔵を主人公にした青春時代劇になっていて、次郎長はむしろ世間と上手く折り合っている「大人」として勝蔵を見下ろすようなスタンスに置かれている。

勝蔵を演じるのは、萩原健一。当時の若者像のアイコンともいえる存在だった萩原による勝蔵は、主人公であっても決してヒロイックではない。

喋り方も時代劇であることはお構いなく、いつものようなボソボソとした語り口。それでいて、仲間たちと過ごす時間はどこか甘えん坊のような可愛げをみせる。薄汚い身なり、猫背、いつもまぶし気な表情――という現代劇で鬱屈した若者を演じる時と同じアプローチをしており、それが金がなくいつもしょぼくれて腹を空かせた勝蔵のキャラクターに抜群のリアリティを与えていた。

挫折感を背負った現代的な若者像ではあるが、俠客として、人としての筋は通そうとする。従来の次郎長作品なら、そのポジションを若き日の次郎長が演じ、そんな生き様に周囲の人間が感心し、評価を高めていく——という展開になるのだが。本作の勝蔵はそうではない。筋を通そうとすればするほど、人に騙され、裏切られ、大人には疎まれ——と損ばかり。最後はうつむいて、敗北感の中でとぼとぼと歩く。

それは終盤になっても変わらない。

勝蔵はだまし討ちにあった恩人の仇を追う。そして、決闘の果てにようやくその仇を討ち果たす。それでも、ハッピーエンドとしての爽快感はどこにもない。斬った後で、哀しげに遠くを見つめ、そしてうつむくのだ。結局残るのは、やりきれなさ。仇を討っても、何も解決にはならないという空しさだけが漂う。

一緒に旅をする前田吟、下條アトムとの微笑ましいバディ感、そして次郎長を演じる米倉斉加年のつかみどころのない狸っぷりと、支える脇役陣も抜群。一編の青春ドラマとして楽しむことができる。

■『必殺仕掛人　春雪仕掛針』（映画　1974年）

製作：松竹／監督：貞永方久／脚本：安倍徹郎／原作：池波正太郎／出演：緒形拳、林与一、山村聰、岩下志麻　ほか

《解説》表では鍼医者として勤しみながら、裏では同じ針を使って人を殺して金を受け取る——。そんな「仕掛人」藤枝梅安（緒形拳）の活躍を描いた、池波正太郎原作の人気テレビシリーズの映画化作品だ。が、本作は緒形はもちろんのこと、夏八木勲の悪役としての恐ろしさを堪能できる一本でもある。

通常は元締の半右衛門（山村聰）から依頼を受けて梅安がターゲットに迫っていく様が描かれるのだが、本作はそこが異なっている。ここでの梅安はむしろ狙われる側にいるといえる。そして、梅安を罠にかけて危機に陥れるのが、夏八木の演じる盗賊・勝四郎。

勝四郎は頭領・お千代（岩下志麻）の情夫だった。彼女に足を洗わせたい育ての親・小兵衛（花沢徳衛）の半右衛門への依頼で、梅安は勝四郎一味への「仕掛け」に動く。序盤は一味の凄腕の用心棒・三上（竜崎勝）との死闘がサスペンスフルに描か

れ、後半はいよいよ勝四郎との対峙となっていく。

押し入った先では片っ端から店の人間を血祭にあげ、表情一つ動かさない。しかもただ残虐なだけではなく智謀にも長けていて、自らの命が狙われていることを知ると、逆に計略を張り巡らせて梅安を追い込んでいく。そんな勝四郎は夏八木にピッタリ。「梅安も勝てないのでは——」と思わせる悪役として立ちはだかる姿に説得力を与えていた。

お千代は実は梅安とかつて恋仲にあった。そのことを利用され罠にかけられた梅安は「仕掛け」に失敗、囚われの身となる。梅安を助けた小兵衛を勝四郎は無惨に斬り殺す。この時の夏八木の表情から放たれる殺気がまた恐ろしい。

こうした憎々しさが、終盤の展開のカタルシスに繋がる。たとえばお千代を殺して頭領の座を奪おうとするも、その魂胆を見透かされて侮蔑の言葉を浴びせられる場面。あるいは、半右衛門の罠にはまっていく様。それまでの夏八木の悪役としての様に凄味があったからこそ、それを上回っていく面々の姿が実に痛快なものになっていった。

■『子連れ狼　地獄へ行くぞ！大五郎』（映画　1974年）

製作：東宝／プロダクション：勝プロダクション／監督：黒田義之／脚本：中村努／原作：小池一雄（後の小池一夫）、小島剛夕／出演：若山富三郎、木村功、大木実、石橋蓮司　ほか

《解説》若山富三郎が「刺客・子連れ狼」こと拝一刀役を演じた人気シリーズの最後となる、六作目だ。シリーズを通して描かれてきた柳生家の秘密組織「裏柳生」との壮絶な戦いが描かれている。

本作のクライマックスとなる決戦の地は、白銀の雪山。時代劇史上でも稀有の舞台を背景に、見たことのない物凄いアクションが繰り広げられる。

刺客として放った子どもたちを全て一刀に返り討ちにされた裏柳生の当主・烈堂（大木実）は、一度は追放した兵衛（木村功）に一刀打倒を託す。兵衛の率いる土蜘蛛党の忍者たち（石橋蓮司、草野大悟、宮口二郎）は、四十二日ものあいだ土の中で暮らして特別の能力を身につけた「生者にして生者にあらず」という異形の集団。地中を虫のように自在に移動し、一刀に迫る。その術に対すべく一刀は雪山に土蜘蛛を誘い込む。雪の中にあっては凍えてしまい、力を発揮できず土蜘蛛党は自滅した。

なんと呆気ない幕切れ――と思うかもしれないが、ここからが本作の本番になる。土蜘蛛を壊滅させた一刀の前に、今度は烈堂自らが率いる忍者軍団・黒鍬党が現れる。土蜘蛛とは異なり、彼らは完全防寒の上に足にはスキー板。自在に雪面を動き、一刀に襲いかかる。が、一刀も負けてはいない。我が子・大五郎を乗せる乳母車に仕込んでいたマシンガンや薙刀で黒鍬を次々となぎ倒していく。

そして驚くことに、一刀は乳母車をソリ代わりに、雪面を滑っていく。こうして、柳生スキー軍団vs乳母車ゾリ――という双方共に斜面を滑降しながらの大チャンバラが展開、白銀の世界を鮮血で赤く染めるド迫力のチェイスが映し出される。

ここで若山が身体を張った凄まじいアクションをみせる。敵に両手を鎖で繋がれた状態で乳母車の上で仁王立ちになり、そのまま滑り落ちていくのだ。さらにそこから落ち、そのまま刀を抜いて殺陣を始める。しかも、スタントは使わずに。

圧巻のアクションに圧倒される。

■『女獄門帖　引き裂かれた尼僧』（映画　１９７７年）

製作：東映／監督：牧口雄二／脚本：志村正浩／原作：島守俊夫／出演：田島はるか、ひろみ麻耶、小林稔侍、志賀勝、佐藤蛾次郎　ほか

《解説》狂気に憑かれた尼寺を、牧口雄二監督が極彩色の地獄絵巻として描き出した作品だ。わずか六十九分の上映時間の間に、時には耽美、時にはエキセントリック、時には残虐な描写が、これでもかと言わんばかりに詰め込まれていて、ひたすら圧倒される。

まず凄まじいのは、尼寺で下働きをしている寺男（てらおとこ）（志賀）だ。顔を真っ白に塗り、頭を茶色に染めた異様な出で立ちだが、その行動もまた異様だった。この寺は縁切り寺と呼ばれていて、一定期間の修行を経たら俗世との縁を断ち切れることになっている。そのため、足抜けした女郎や駆け落ちの男女などが庵主（折口亜矢）を頼ってくる。が、この庵主は男に強い怒りを抱いていて、男が一歩でも足を踏み入れたら生きては帰さない掟になっている。駆け落ちの若い男女が来た時もそうだった。朝、女が起きたら男がいない。探し回る女は、寺の裏手で恐ろしい光景を目にしてしまう。寺

男が、男の死骸を解体していたのだ。それだけではない。寺男はその解体した肉片を旨そうに貪（むさぼ）り食うのだ。

そして、その肉片を煮込んだ鍋を平然と食べるのが、寺に住む少女・小夜（佐藤美鈴）だ。一見すると無垢で可憐な美少女なのだが、人肉鍋を喰らう場面をはじめ、何食わぬ顔で寺の悪徳に加わっている。そのため、彼女の微笑みが可愛ければ可愛いほど、そこはかとない残虐さが漂ってしまうのだ。中でも印象深かった場面がある。

ヒロイン・みの（田島）は俗世では男に酷い目に遭わされ続けてきた女郎だ。が、寺に向かう途中、薬売りの青年（成瀬正［現・成瀬正孝］）だけは優しくしてくれた。そんな青年が、みのを心配して寺を訪ねたのだ。彼だけは死なせたくない。みのはそう思い、なんとか助けようとする。そんな時、小夜が夕飯を二人に運んできた。青年はそれを口に運ぶが、みのは毒が入っていると思い吐き出させる。と、小夜はその吐き出した食べ物を自ら食べ、ニッコリと笑うのだ。この寺が男に仕掛けた罠はそんな甘いものではない。清らかな笑顔の向こうにそんな裏が見えてきて、思わず背筋が寒くなってしまった。

◆『浮浪雲』（テレビシリーズ　１９７８年）

放送局：テレビ朝日／プロダクション：石原プロモーション／演出：近藤久也　ほか／脚本：倉本聰／原作：ジョージ秋山／出演：渡哲也、桃井かおり、笠智衆、柴俊夫、谷啓　ほか

《解説》幕末の品川宿を舞台に、「雲」を自称する飛脚の頭領（渡）とその周囲の人間模様が描かれている。が、この作品の凄いところは何と言っても冒頭に「このドラマはフィクションであり、時代考証その他かなり大巾にでたらめです。」というテロップが流れていることからも分かるように、思いきり開き直っていて、当時では絶対にありえない現代的な要素も盛り込んでいっている点だ。

たとえば、町中に屋台のチャルメラの音色が流れたり、雲がピンク・レディーや渡自身の持ち歌である「くちなしの花」といった放送当時の歌謡曲を口ずさんだり……。中でも、第二話では有名人の「サイン」をもらいたがる庶民の狂騒が描かれている。この時は実際に登場人物たちは当然の如く「サイン」という言葉を口にしているし、坂本龍馬（山﨑努）は市販のマジックペンを使って色紙にサインを入れている。

そして、作品の「でたらめ」加減を象徴しているのが、雲のキャラクターだ。渡哲

也といえば硬派の代表格のような役者だが、本作ではそのイメージを思いきりかなぐり捨てている。髷を額の上で結び後ろ髪を長くという奇抜な髪形、外に出る時でも女物の着物を羽織って、帯も前で結ぶ。いつもやる気のない表情をしながら、管の長い煙管を吹かしぼんやりと空を眺める……。これが中村主水であれば、裏に回ると凄腕……ということになるのだが、本作ではほとんどそうした描写はない。美女と見れば道ですれちがっただけでも片っ端から口説きまくり、毎晩のように飲めや歌えの大騒ぎ。

ただ、彼が本気になる時もある。それは、仲間が傷つけられた時や、息子が母親に生意気な口の利き方をした時だ。その時は、いつもの渡哲也の形相に戻って、烈火の如く怒る。それでもそうした場面はほとんどなく、たいていは飄々と裏で動いているうちになんとなく事件を解決させてしまうことが多い。主人公も世界設定もそんな感じだから、気張ることなく毎回を楽しめる仕掛けになっていた。

窮屈なことは言わずに、「時代」という器を借りて、とにかく好き勝手に楽しいことをやってみよう——そんな自由な精神にあふれた作品である。

■『戦国自衛隊』（映画　1979年）

製作：東宝／プロダクション：角川春樹事務所／監督：斎藤光正／脚本：鎌田敏夫／原作：半村良／出演：千葉真一、夏木勲（後の夏八木勲）、渡瀬恒彦、真田広之、成田三樹夫　ほか

《解説》伊庭三尉（千葉）率いる陸上自衛隊の小隊は、演習中に戦国時代へタイムスリップしてしまう。圧倒的な銃火器を持つ彼らが、戦国の世をいかにして生き抜くかが描かれる。

小隊の面々のとる行動は、必ずしも統一されているわけではない。極限状況に置かれ、多くの人間が狂気に駆られていく。状況が恐ろしくなって逃げ出し、野盗に殺される若者たちもいた。また、印象的だったのは伊庭と当初から対立していた矢野（渡瀬）で、仲間たちと哨戒艇を盗んで武装し、川を下りながら住民を虐殺したり女を拉致して犯したり……と欲望のおもむくままにやりたい放題をするのだ。

一方の伊庭は下克上を企む戦国大名・長尾景虎（夏八木）と意気投合、景虎が天下をとれば歴史が変わり現代に戻れるかもしれないと考えるようになる。そして、最新鋭の近代兵器をもって景虎の合戦に協力、ついには川中島で武田信玄を討ち果たす。

戦車&戦闘ヘリvs武田騎馬隊という奇抜な戦いももちろん楽しいが、本作で強烈な印象を残すのは伊庭と景虎が友情を育む序盤の場面だ。海辺で互いにフンドシ一丁になりながら、笑顔で馬を駆り、海岸を走り、天下取りへの夢を語り合う——その姿は、「なっちゃん」「チバちゃん」と普段から呼び合う仲だった同い年の千葉と夏八木の関係性がそのままに映し出されているようにも見え、微笑ましさすら覚えてしまう。

だがそれだけに、伊庭の存在を許すまじとする京の権力者たちに景虎が屈伏してしまうラストが、切なく迫ってくる。川中島の激戦で戦車もヘリも失った伊庭を恐れるに足りずと判断した権力者たちは、配下に伊庭の追討を命じる。他の者に討たせるなら、自らの手で……。そう思った景虎は、自ら伊庭討伐を買ってでる。

兵器を失った伊庭たちの籠もる荒れ寺を、景虎軍が取り囲む。伊庭は景虎に斬りかかり、そして景虎は自らの手で伊庭を射殺する。友の死骸に言葉もなく羽織をかける景虎を見ていると、その悔恨の念がこちらにまで伝わってきた。

◆『着ながし奉行』（「時代劇スペシャル」枠　１９８１年）

放送局：フジテレビ／プロダクション：映像京都／監督：岡本喜八／脚本：岡本喜八、松島利昭／原作：山本周五郎／出演：仲代達矢、浅茅陽子、中谷一郎、殿山泰司、岸田森　ほか

《解説》重厚で濃厚なばかりではない、仲代達矢の飄々とした魅力を長年の盟友である岡本喜八監督が引き出した作品である。

舞台となるのは、ある小藩。ここには「濠外」と呼ばれる治外法権の悪所があり、そこから入ってくる裏金が藩の財政を潤してもいた。が、幕府の隠密が潜入したとの報が入り、そうもいかなくなる。事が露見したら藩は取り潰しになるからだ。そこで江戸から新たに派遣された奉行が仲代扮する望月小平太だった――。

山本周五郎による原作は映画やテレビで何度も映像化されているが、本作が最も特異な雰囲気を放っている。というのも、仲代はじめ岡本喜八ファミリーと呼んで過言でない名優たちが、それぞれにキャラクター性を発揮しまくっているからだ。

まず仲代。絶えずナヨナヨした感じで、いつも素っ頓狂な声を出し、肩の力が抜けきっている。「腰をもんでくれねえか」と女郎に頼む時は尻を振るなど、人を食った

ような芝居を嬉々として演じているように映る。そして、その身の回りの世話をする老人が殿山泰司。こちらは一転して、生真面目すぎたりする。遊び呆けている主人に苛立つ顔をしながらも甲斐甲斐しく家事に勤しみ、外から帰ってくるといちいち「手を洗ってくださいよ」と口うるさい。その一方で留守宅に訪ねてくる人間の名前を全く覚えられなかったりと、主人同様に摑みどころのない男として演じていた。

一方の「濠外」の面々も賑やかだ。中でも強烈だったのが、岸田森扮する用心棒・佐渡だ。真っ白い顔、マントのような黒ずくめの衣装に身を包み、顔が隠れるほどの長髪から鋭い眼光が妖しく輝く。そんな不穏の塊のような男が絶えず主人公の命を狙っているのだから、たまったものではない。不意打ちを食らい、何度か身に危険が生じることもあったが、そこは小平太。懐にあった小判で立ち回りを演じるなど、ここでも人を食ったようなリアクションで逃げきっていた。

喜八流のユーモラスなハードボイルドの世界に浸ることができる。

■『伊賀忍法帖』（映画　1982年）

製作：東映／プロダクション：角川春樹事務所／監督：斎藤光正／脚本：小川英／原作：山田風太郎／
出演：真田広之、渡辺典子、千葉真一、成田三樹夫　ほか

《解説》舞台は戦国時代。野心家の武将・松永弾正（中尾彬）と、弾正に恋人（渡辺）を奪われた伊賀忍者・城太郎（真田）との死闘が描かれる。

成田が演じるのは、弾正に味方して城太郎の前に立ちはだかる謎の妖術師・果心居士。蒼ざめた顔、長く伸びた茶褐色の髪と髭、ボロボロの法衣を纏いながら身体をいつも小さく屈めて長い杖に寄りかかる……いかにも怪しげな風貌だ。そして、どこからともなく現れては次々と秘術を繰り出していく。一つ間違えると嘘っぽさが際立って観る側を白々しい気持ちにさせ、作品全体を台無しにしかねないほどに現実離れしている役柄だ。

が、成田三樹夫が演じたことで、全く嘘っぽく映っていなかった。奇天烈な扮装を自然に着こなしているのも凄いが、芝居としても妖術師の役を完璧に演じ切っているのだ。

特に冒頭、弾正に対して「儂の力を信じればいい」と振り返る場面が圧巻。ここで成田は、それまでカン高い声で飄々と笑っていたのが一転、ドスの利いた声を聞かせてくる。この時に突然響いてくる成田の声のバイブレーションが稲光に照らされる強烈な眼力と相まって、観る側の心までも震わせてしまう。

そうなると、もう後はどれだけ無茶なことが起きようとも気にならない。こちらも、果心居士＝成田の魔力に魅入られてしまっているのだから。劇中、果心居士は「(人の心を意のままに操る) 魔性の者」と称されていたが、演じる成田もまた、「魔性」だった。

そして、そんな圧倒的な成田に挑む真田が、またヒロイックでカッコいい。笛を吹きながら現れる「これぞ二枚目ヒーロー」な初登場シーンから思い切り心を奪われる。そして、その身体能力を遺憾なく発揮した殺陣やアクションの数々は、果心居士の放つ妖しの者たちと対峙して倒していく様に十分な説得力を与えていた。また、愛する者を守りながら闘うヒーローぶりも実に様になっている。

焼け落ちた大仏を始めとする不気味なセットの迫力とあいまって、この世のものならざるファンタスティックな対決が嘘くさくなく盛り上がることになった。

■『里見八犬伝』（映画　1983年）

製作：東映／プロダクション：角川春樹事務所／監督：深作欣二／脚本：鎌田敏夫、深作欣二／原作：鎌田敏夫／出演：薬師丸ひろ子、真田広之、千葉真一、志穂美悦子　ほか

《解説》かつて時代劇には《伝奇冒険もの》というジャンルが存在していた。『児雷也』『真田十勇士』『新諸国物語』……、妖術、忍術、秘術を駆使しながらヒーローが魔物と戦う冒険を繰り広げるこれらの作品は、特に当時の子供たちを熱狂させてきた。だが、段々と時代劇がリアル志向になるにつれ、いつの間にか消え去ってしまっていた。

深作欣二監督は、その原点である滝沢馬琴の『南総里見八犬伝』に基づいた鎌田敏夫の小説『新・里見八犬伝』を原作に、今度は伝奇ものを蘇らせようとしている。

館山城主に殺された武将の妻子（夏木マリ、目黒祐樹）が妖怪となって復活、魔力をもって城を乗っ取ってしまう。城主の一人娘・静姫（薬師丸）はなんとか逃げ延びた。そして、姫を守ることを宿命付けられた八人の《犬士》（真田、千葉ら）が続々と集結。妖怪たちから城を奪還すべく、戦いを挑む。

物語の機軸になるのは、当時の若手人気スターだった薬師丸と真田のラブストーリー。二人の瑞々しい魅力が画面を彩り、そこに千葉や志穂美らＪＡＣ勢によるワイヤーを駆使したアクロバティックな大アクションがちりばめられるという、実に現代的なタッチの伝奇時代劇となっている。

そして深作は、考証や堅苦しいルールは一切取り外し、おどろおどろしくも煌びやかな衣装・メイク・セットによるケレン味の塊の世界を提示。イマジネーションを縦横無尽に発揮し、「ファンタジーとしての時代劇」の魅力を存分に見せつけている。

とにかく、犬士たちを待ち受ける城に仕掛けられた罠の数々が楽しい。

地下水路の下から現れる大蛇、狭い地下道を転がりくる岩石、落ちてくる天井、崩れ落ちる巨大な柱……。アミューズメントパークかと見まがうようなカラクリが城の随所にちりばめられていて、犬士たちに次々と襲いかかるのだ。

それはまるで、当時大ヒットしていたハリウッド映画『インディ・ジョーンズ』シリーズのような《冒険活劇》である。単なる《ジャンルの復興》に留まらない、当時の子供たちをワクワクさせるようなロマンに満ち満ちている。

◆『白虎隊』（テレビスペシャル　1986年）

放送局：日本テレビ／プロダクション：東映太秦映像／監督：斎藤武市／脚本：杉山義法／出演：森繁久彌、里見浩太朗、風間杜夫、田中好子、丹波哲郎　ほか

《解説》戊辰戦争を会津藩側の視点から描いた壮大な悲劇だ。表題となる少年部隊・白虎隊はあくまで会津に降りかかる悲劇の一つという扱いで、むしろ巨大な時代の波に呑み込まれていった会津の人々の物語が巨視的に描かれている。

幕末の動乱期、会津藩主・松平容保（かたもり）（風間）は幕府から京都守護職を拝命する。尊王攘夷・倒幕のために人斬りが繰り返される京の治安を守るためだ。そして、激しく動く時代の最前線に躍り出ることになった会津藩の人々は新選組と共に忠実に働くが、そのために倒幕派の長州から激しい恨みを買ってしまう。やがて、幕府が大政奉還し、政治の主流が薩長に移ると居場所を失っていく。そしてついには「賊軍」の汚名を着せられることになり、降伏も受け入れられず、容赦ない攻撃を受けてしまう。

二夜にわたった超大作の第一夜終盤までは、会津戦争が始まるまでの時代状況が丁寧に描かれている。それにより、会津藩がいかにして時代の流れに取り残されていっ

てしまったのか。その理不尽な宿命が否応(いやおう)なく伝わってくることになった。その原因はただ一つ。生真面目すぎたから。孝明天皇と幕府に忠誠を尽くし、最後までそのことに固執したために、世の中の変化に対応することができなくなってしまっていたのだ。

そして、第一夜の終盤で鳥羽伏見の戦いに敗れてからは、会津の人々に訪れる悲惨で理不尽なエピソードが堀内孝雄の主題歌「愛しき日々」の哀切な歌声をバックに、ひたすら切々と描かれていく。特に、第二夜の中盤、会津が戦場になり市街に新政府軍がなだれ込んできてからは凄惨な展開になっていた。女子供全員が自害して果てる家老・西郷頼母（里見）の一家をはじめ、戦いとは本来なら関わりのなかった人々の死が次々と繰り広げられた。それまで、彼らの平穏な日常が丁寧に描かれていただけに、会津に死屍累々が積み重なっていく様は見ていてたまらなくなる。

歴史というものの残酷さ、それに対する人間の無力さ、そして戦争というものがいかに人間を異常な状況に追い込み、その挙句に悲惨な結末を迎えるのか。時代劇・歴史ドラマという枠組を超える、反戦ドラマとして語り継がれるべき作品だ。

■『将軍家光の乱心　激突』（映画　1989年）

製作：東映／監督：降旗康男／アクション監督：千葉真一／脚本：中島貞夫、松田寛夫／出演：緒形拳、千葉真一、加納みゆき、丹波哲郎　ほか

《解説》舞台は江戸初期。病のために乱心した将軍・家光（京本政樹）は、まだ幼い世継の竹千代の殺害を命じる。それを察知した老中・堀田（丹波）は刑部（緒形）ら凄腕の浪人たちに竹千代の警護を依頼する。逃亡を続ける一行の前には、伊庭（千葉）率いる幕府の暗殺軍団が立ちはだかる。

本作の最大の注目は千葉が自らアクション監督を務めていることだ。千葉の次々と繰り出す奇想天外のアクションシーンの構想を、千葉率いるJACによる命がけのスタントが実現していった。

断崖絶壁から川への落下、橋が爆発して人馬もろとも川へ転落、峡谷を隔てた崖から崖への綱渡り、人も馬も本当に燃えながらの火中突破――。

これらの凄まじいシーンがいかにして撮られていたのか。気になる方もいるとは思うが、ひとまずそこは気にしないで浸ってほしい。アクションの派手さにばかり目が

行きがちだが、千葉がこだわったのは、そこだけではないからだ。

アクションには必然性がなければならない。ただ派手に無茶をすればいいというものではない。「なぜそうまでするのか」が伝わらない、物語のドラマ性から浮いたアクションは「ただの見せ物」に過ぎず、いくらそこだけ力を入れたとしても観客は飽きる。あくまでドラマの延長線上にアクションはある——。千葉にはそんな信念がある。


実際、その視点で本作を観てみると、気づくことがある。

幕府軍の強大さと、彼らから竹千代を守ろうとする刑部たちの想い。この二点が丁寧に描かれているのだ。だからこそ主人公たちの戦いに感情移入ができ、命がけのアクションが「決死の覚悟の逃亡劇」としてドラマ的必然性のあるものになる。その結果、手に汗握る緊迫感とカタルシスが生まれた。

そこが疎かだと「凄いことをやっているなあ」という他人事で終わってしまう。ハラハラしつつ、壮絶なアクションを堪能してほしい。

■『利休』（映画　1989年）

製作：松竹／プロダクション：勅使河原プロ、映像京都　ほか／監督：勅使河原宏／脚本：赤瀬川原平、勅使河原宏／原作：野上弥生子／出演：三國連太郎、山﨑努、三田佳子、中村吉右衛門　ほか

《解説》本作の利休は「聖」と「俗」との間で悩み苦しむ。演じるのが三國連太郎なだけに、ちょっとした芝居の機微を通して、「俗」と己との距離感の変化を巧みに表現している。その際に効果的だったのが、秀吉を演じる山﨑努との芝居のコントラストだった。ひたすら利休を畏怖し、それを隠そうともしない。下卑た笑みを終始浮かべ、落ち着きなく動き回る。徹底した俗物として最初から最後まで演じているのだ。一方の三國はずっと泰然自若としていて、一見すると内面が見えにくい。「俗」の塊とも言える秀吉との距離感の変化を見せていくことで、心の動きが伝わってくる。

　本作の利休は当初、「俗」の部分を強く持った人間として登場する。とにかく、秀吉にひたすら追従している。自らの流儀に反する「黄金の茶室」を造ることを秀吉に命じられても、すぐに受けた。また、天皇の前で秀吉が茶の手前を披露した際は、緊張のあまり全身が震えてロクに茶を点（た）てられなかったにもかかわらずお世辞を述べて

いる。そんな師の姿に呆れた宗二（井川比佐志）からは「殿下に媚びてらっしゃる」と詰られる始末だ。

秀吉は外交戦略の中で茶会に重きを置いており、「あれが武将であったならなあ」と篤い信頼の下、利休は政権内でも絶大な力を誇示している。そのため、重臣の頼みであっても気に入らなければ茶器の目利きを拒むといった不遜さを見せる。

だが終盤、利休は失墜する。秀吉に媚びてきたことを弟子や街の衆にまで軽蔑され、政権内では対立する石田三成の策略で秀吉の信頼も失い、蟄居させられる。「殿下のお気持ちは、私からもう離れてしまったようだ」と肩を落とし、顔を引きつらせながら冷や汗をかく三國の芝居が利休の哀れさを際立たせている。

そして、赦免を言いに来た秀吉に公然と抗議をして、ついには切腹を命じられてしまう。家族は助命嘆願するように訴えかけるが、もう利休には聞く気はない。「一度頭を下げてしまうと、それから先は歩くたびに這いつくばって歩かねばならぬのだ」。頑なにそう言い張る姿には、もう「俗」にまみれて自分の魂を汚したくないという確固たる意志が見てとれた。苦しみ抜いた挙句に、最後の最後になってようやく「聖」の境地にたどりつく。そんな等身大の人間としての利休像を三國は演じていた。

◆『荒木又右衛門〜決戦・鍵屋の辻〜』（テレビスペシャル　1990年）

放送局：ＮＨＫ／演出：重光亨彦／脚本：田向正健／原作：長谷川伸／出演：仲代達矢、緒形直人、平幹二朗、宇津井健　ほか

《解説》舞台は江戸時代初期の岡山藩。若き藩士・河合又五郎（緒形）が同輩・渡辺源太夫を遺恨の末に斬って逐電（ちくでん）。藩主から源太夫の兄・数馬に又五郎への「上意討ち」の命が下るも、又五郎は旗本たちに匿（かくま）われ引き渡しには応じない。そのため、両者の対立は幕閣をも巻き込んだ大騒動として発展していく。そして、数馬は上意討ちを果たすべく、叔父の剣豪・荒木又右衛門に助っ人を頼むことになる。

この有名な仇討劇は何度も映像化されている。その中で本作が新しかったのは、これまで一方的に悪役として描かれてきた又五郎側も対等に扱うことだった。その結果、両サイドの群像が細かく描かれ、それぞれに又右衛門役の仲代達矢をはじめ、充実した役者陣が配されることになっていった。

名前を挙げるだけで、その充実ぶりがうかがえる。岡田英次、内田朝雄、金子信雄、

西村晃、宇津井健、佐藤慶、平幹二朗、滝田裕介、安井昌二、林与一、篠田三郎、勝野洋……脇役たちの顔見世興行とすら思える陣容だ。

中でも、佐藤慶は圧倒的だった。佐藤は又五郎を匿う旗本・安藤に扮しているが、又五郎が悪役でなくなった分、この役が物語上の「悪」を一身に背負うことになる。そして、佐藤は見事なまでに憎々しく演じ切った。

だからといって、大袈裟な芝居をすることは全くない。岡山藩への憎悪でいきり立つ同輩たちとは一線を画して、「積年の恨みは必ず晴らす」と一言だけ低く言い放って周囲を圧する。何事が起ころうとも表情一つ動かすことなく撥ね除けていく様は、その執念深さがいかに頑強なのかをかえって感じさせ、「立ちはだかる敵」としての強大さを際立たせている。特に、又五郎引き渡しの交渉の場で相手方の藩士（勝野洋）を前に頭まで平気で下げて信用させる場面での白々しい表情は圧巻で、観る側の苛立ちを頂点にまで高めた。

佐藤に煮え湯を飲まされ続ける岡山藩家老を演じた岡田英次も素晴らしい。当初は旗本と事を起こしては藩の存続に関わると判断して殿を諫め続け、全ての感情を飲み込みながら政治的な判断を下していく姿は、怜悧で器の大きさを感じさせた。

◆『太平記』（NHK大河ドラマ　1991年）

放送局：NHK／演出：佐藤幹夫　ほか／脚本：池端俊策　ほか／原作：吉川英治／出演：真田広之、沢口靖子、高嶋政伸、陣内孝則　ほか

《解説》鎌倉幕府末期から建武の新政を経て南北朝時代へという、日本史上でも屈指の動乱期が、室町幕府を設立した足利尊氏を主人公に描かれていく。尊氏を演じるのは、当代の二枚目スター・真田広之。これまで、後醍醐天皇に弓を引いた逆賊として扱われてきた人物の苦悩の日々が、幾多の戦闘や権謀術数とともに映し出される。

登場人物たちは、ことごとく魑魅魍魎。際立ったキャラクターたちを、個性豊かな俳優たちが演じ、隅々まで濃厚な芝居が展開された。

前半は鎌倉幕府を統（す）べる北条家からの凄まじい圧力を受けながら、討幕に向けて動いていく展開になっている。北条家の当主・高時を演じる片岡鶴太郎の狂気、それを傀儡（かいらい）として政権を我が物にする長崎円喜を演じるフランキー堺の強大さ。それに対して本心を隠して必死に耐え抜き、未来を尊氏に託す父・貞氏を演じる緒形拳の切なさ。

中盤は建武政権での勢力争いが描かれる。朝廷権力を高めるために尊氏と対立する

護良親王を演じる堤大二郎の苛烈さ。武士を奴隷としか見ない天皇側近の公家・坊門清忠を演じる藤木孝の憎々しさ。

終盤は南北朝期に入り、足利一門内での血みどろの抗争に。連戦連勝で増長していく足利家執事・高師直を演じる柄本明の序盤からの変貌ぶり。二人三脚で足利を盛り立ててきた尊氏と骨肉の争いを繰り広げることになる弟・直義を演じる高嶋政伸の熱さ。その側近として傲慢ぶりを見せてくる桃井直常を演じる高橋悦史の厭らしさ。彼らの争いに割って入り、南朝の復権を企む北畠親房（ちかふさ）を演じる近藤正臣の不気味さ。

前・中・後、それぞれに濃厚な面々が登場するのだが、それに加えて作品を通しての主要人物も凄い。後醍醐天皇を演じる片岡孝夫の気品とカリスマ。尊氏のライバル・新田義貞を演じる根津甚八のいじましさ。「バサラ」の異名の通りド派手な言動をしながらも実は尊氏に寄り添い続ける佐々木道誉（どうよ）を演じる陣内孝則の読めなさ。

物語そのものは複雑な政治劇でもあるのだが、彼らの芝居を観ているだけでスッと入り込むことができる。

◆『秀吉』（ＮＨＫ大河ドラマ　１９９６年）

放送局：ＮＨＫ／演出：黛りんたろう　ほか／脚本：竹山洋／原作：堺屋太一／出演：竹中直人、沢口靖子、高嶋政伸　ほか

《解説》竹中直人の秀吉が画面狭しと躍動感あふれる芝居で暴れまわり、前半は渡哲也＝信長、後半は仲代達矢＝千利休という大御所役者が、泰然自若とした芝居でこれを受けて立つ。面白いのは、信長を超越した精神の持ち主＝《聖》なる存在、利休を権力欲にまみれた《俗》なる存在と、従来の捉え方を逆転させているところだ。

特に、渡の信長は強烈だった。絶えず眼光は鋭く、厳しく強張った表情。余計なことは口に出さず、ジッと相手を見据えて低く押し出すような話し方で威圧感を与える――。

驚かされたのが、浅井・朝倉を滅亡させた後の場面だ。信長は暗闇で仏壇に手を合わせている。普段は神仏を信じない信長だが、さすがに死闘を繰り広げた相手を弔（とむら）う気になったのか。そう思った秀吉が仏壇を覗き込むと、驚愕のあまり唖然としてしまう。そこには仏像はなく、鏡が置いてあった。信長は、鏡に映し出される自分自身

に手を合わせていたのだ。信長は自身を神だと思い込むようになっていた。異常な設定だが、渡自身が放つ異様なまでのカリスマ性が、狂気の信長像の説得力を揺るぎないものにする。

この本心を理解する数少ない存在として、秀吉は位置づけられている。天下を統一して「戦なき世」を作るためには、人からどう思われようと自らは鬼として神として畏怖される存在にならなければならない。実は信長はあえてそう決意して、自ら狂気の世界に飛び込んでいたのだ。近くにいてその孤独な心をよく知る秀吉は、少しでも気分を和ませようといつも機転を利かせては信長を楽しませる。信長もまた、秀吉の前でだけは少しだけ顔をほころばせる。特に印象深いシーンがある。愛する側室・吉乃（斉藤慶子）を死なせた信長を励ますべく、秀吉は戦地から舞い戻る。秀吉の語る吉乃との思い出話に思わず涙ぐんでしまう信長だったが、「鬼が泣いても、笑われるだけじゃ」と必死にこらえる。そして、秀吉を上座に招くと、その頭を撫でる。渡は表情を大きく動かすことのない芝居を通してきたが、ここで初めて心からの笑顔を見せている。それは、心を許せる男に心を開いたことで初めて現れる、ずっと隠してきた「人間・信長」としての澄みきった顔だった。

●『るろうに剣心―明治剣客浪漫譚―　追憶編』（オリジナル・ビデオ・アニメーション　1999年）

監督：古橋一浩／脚本：十川誠志／原作：和月伸宏／声の出演：涼風真世、岩男潤子、佐々木望、池田秀一、関智一　ほか

《解説》幕末に「人斬り抜刀斎」と恐れられた剣客・緋村（ひむら）剣心の明治時代の活躍を描いた漫画『るろうに剣心』はテレビアニメとしても人気を博したが、これはその前日譚に当たる。剣心がいかにして剣の世界に入るようになり、いかにして「人斬り」として幕末の世を生きたか――本作は、そんな物語だ。テレビシリーズ版は奇抜なアクションが満載の作品だったが、本作はそうではない。あくまで人間ドラマを主軸に描き、人を殺さなければ生きていけない時代に生きる人々の姿が切々と描かれている。

それを効果的にしているのが、背景の描写だ。本作の殺陣のシーンは血みどろの残虐なものが多い。だが、受ける印象は、どこか物悲しい。たとえば少年時代の剣心たちが野武士の一団に襲われるシーンでは虫のさえずりの聞こえる月夜の芒野原が舞台になっているなど、ただのバイオレンスではないリリカルな描写として胸に迫ってく

るためだ。それは、剣心が京都で人斬りをするようになってからも同じで、蟬しぐれが鳴り響き光の降り注ぐ森の中や、椿の花が舞い散る中で殺しが行われていた。それにより、剣心の孤独な心が優しくも切なく映し出されることになった。

そしてドラマの核となるのは、剣心の人間としての「目覚め」だ。誰かを守るために始めた人斬りであったが、いつかそれ自体が目的となり、剣心は己の心を殺すようになっていた。が、巴という女性と会ったことで、それが変わる。新選組の探索をかわすため、剣心は巴と山奥で暮らすようになる。鳥のさえずりを聞きながら田畑を耕すノンビリとした生活の中で、優しい時間だけが過ぎていく。いつしか剣心の顔から殺気が消えていく。そして、巴に惹かれていくようになり、「君がいれば、俺は刀を捨てられる」とすら打ち明けるように。

だが、全ては仕組まれた罠だった。巴の夫はかつて剣心に殺されており、そのことで敵に利用されていたのだ。だが、巴もまた剣心に惹かれるようになっていた。「人を斬ってない時のあなたは優しすぎる」。葛藤する巴。そして、物語は取り返しのつかない悲劇を迎えることになる。どこまでも優しく、哀しい、そんなドラマだった。

●『バジリスク～甲賀忍法帖～』（テレビ・アニメーション　２００５年）

放送局：テレビ神奈川ほか独立ＵＨＦ局／監督：木崎文智／脚本：むとうやすゆき　ほか／原作：山田風太郎／漫画：せがわまさき／声の出演：鳥海浩輔、水樹奈々、小林清志、平勝伊　ほか

《解説》山田風太郎の小説『甲賀忍法帖』をせがわまさきが漫画としてリブートし、それをアニメとして映像化したのが本作である。

山田風太郎ワールドの魅力といえば、忍者たちによる奇想天外な忍法合戦にある。ただ、それは小説として読みながら頭で想像するから魅力的だという部分もある。実際にそれを実写として映像にすると、その奇想天外さ故に時としてリアリティの大幅な欠如を招き、観ていてチープな印象を受けてしまいかねない。それが、これまで山田作品の映像化の際に大きな問題として立ちはだかってきた。

本作も、かなり凄まじい忍法が登場する。身体を巨大な球体に変形させ、ゴムボールのように跳ね回る。両手両足を失いながら、地面の中を這い、口の中から刃を放つ。壁や地面に溶け込む。全身の体毛を針のように放つ。――これらは、実写の特撮で描くと、リアリティをもたらすのはかなり難しい。そこを本作は、元々の漫画自体のビ

ジュアル化が巧みであったこと、実写の際に起きる「実際の生身の人間が奇想天外の忍術を駆使する」ことでの嘘くささをアニメであるために突破できたこと、そしてそのアニメ自体が活劇としてワクワクできるものであること——が重なり、過去の山田風太郎映像化作品の中でも屈指の、迫力ある作品となった。

ドラマとしても、よくできている。山田小説というと奇想天外さに目が行きがちだが、そのハードな物語性も魅力で、そこもきっちりと描かれているのだ。

長いこと対立してきた甲賀と伊賀とが、互いの若き頭首同士の婚姻により和解しようとした矢先、三代将軍の座を巡る政治争いに巻き込まれ、双方による凄惨な殺し合いへと展開していく。「ロミオとジュリエット」的なラブストーリーの切なさ、それぞれの間で錯綜するさまざまな思惑と想い、そして自分たちとは関係のないことのために無為に命を落としていく忍者たちの空しさ。

目先の奇抜さだけに囚われない丁寧な作りが、心地よい。

文庫版あとがき

光文社の森岡さんから「新書の『時代劇ベスト100』を文庫にしたい」とのご連絡をいただいたのは、二〇一七年二月のこと。刊行から二年半近くが経っていた。

それを聞いた時、二つ返事で受けた。というのも、『時代劇ベスト100』の出来に満足がいっていなかったからだ。執筆当時としては、それなりに納得のいく百本をラインナップできたと思っていたのだが、いざ出してみると「あれがない」「これがない」と気づくことが多く、結果として不完全な内容になっていると思えた。ご購入いただいた読者の皆様には申し訳ない話ではあるのだが――。

それだけに、さらに書き加えてより完璧なラインナップにしたいという気持ちは強くなっていた。そんな中でのオファー。実にありがたかった。

――と言いながら、そこから刊行まで約三年半。かなりの時間を要してしまった。こちらの心身の不調や他に優先せざるをえない企画が重なってしまったためだ。既刊本の文庫化が、企画が決定してから刊行するまでにこれだけ時間がかかるというのは、あまりないこと。待たせてしまった森岡さんには申し訳ない想いでいっぱいだ。

ただ、時間のかかった分、ようやく満足のいくラインナップを組むことができたという自負はある。

新書版ではアクションやハードボイルドや残酷方向に寄り過ぎていた感もあったが、今回の加筆で文芸的だったり、人情ものだったり、痛快ものだったりという作品をかなり入れることができた。そのため、よりさまざまな趣向を持った読者にとっての「ピッタリの時代劇」に出会えるガイド本になっているのではないだろうか。

時代劇は多様性に富んだジャンルである。本書を通じてより多くの方にそのことに気づいてもらい、時代劇の魅力にどっぷりと浸かるキッカケとしていただけたら、著者としてこの上ない幸いだ。

春日太一

二〇二〇年四月

■『利休』 306　松竹　A、D、H、i、U、T、ビ
■『竜馬暗殺』 184　キングレコード　A、D、i、U、T、ひ、ビ
●『るろうに剣心―明治剣客浪漫譚―　追憶編』 314　アニプレックス　A、U
■『浪人街　RONINGAI』 220　松竹　A、H、i

【た行】

【な行】

【は行】

索引（五十音順）

現時点でソフトが入手できる旧作時代劇は決して多くありません。ただ、名画座、BS・CSなどで観られる機会というのも、実は多いです。本書を読まれて気になった方は、ぜひチェックをして、ご覧いただきたく思います（筆者）。

※①■は映画、◆はテレビ作品、●はアニメーション作品です。
※②ページ数に続けて、2020年4月時点で販売中のソフトの販売元（DVDとブルーレイディスクのみ。VHSは除く）、ネット配信元を掲載してあります。
※③ネット配信については、以下のように略して表記しています。
Amazon Prime Video＝A、DMM.com＝D、dTV＝d、Google Play＝G、Hulu＝H、iTunes＝i、U-NEXT＝U、TSUTAYA TV＝T、スカパー！オンデマンド＝ス、ひかりTV＝ひ、バンダイチャンネル＝バ、ビデオマーケット＝ビ、青山シアター＝青
※④ Amazon Prime Videoは、Amazon Prime Videoチャンネルの登録チャンネル「時代劇専門チャンネルNET」「シネマコレクションby KADOKAWA」「＋松竹」「dアニメストア for Prime Video」「JUNK FILM by TOEI」「TBSオンデマンド」を含んでいます。

【あ行】

じだいげき
時代劇ベスト100+50

著　者——春日太一（かすが たいち）

2020年　6月20日　初版1刷発行

発行者——田邉浩司
組　版——萩原印刷
印刷所——萩原印刷
製本所——ナショナル製本
発行所——株式会社光文社
東京都文京区音羽1-16-6 〒112-8011
電　話——編集部(03)5395-8282
書籍販売部(03)5395-8116
業務部(03)5395-8125
メール——chie@kobunsha.com

ISBN978-4-334-78787-5　Printed in Japan
